U0528032

新阅读与习作
五星教学模式下的新体验

尉芳芳 著

浙江大学出版社
·杭州·

图书在版编目（CIP）数据

新阅读与习作：五星教学模式下的新体验 / 尉芳芳著. -- 杭州：浙江大学出版社，2025. 1. -- ISBN 978-7-308-25569-1

Ⅰ．G623.202

中国国家版本馆CIP数据核字第2024RY1799号

新阅读与习作：五星教学模式下的新体验
尉芳芳　著

选题策划	施民贵　徐　婵
责任编辑	张　婷
责任校对	顾　翔
封面设计	周　灵
出版发行	浙江大学出版社
	（杭州市天目山路148号　邮政编码310007）
	（网址：http://www.zjupress.com）
排　　版	杭州林智广告有限公司
印　　刷	广东虎彩云印刷有限公司绍兴分公司
开　　本	880mm×1230mm　1/32
印　　张	9.375
字　　数	202千
版 印 次	2025年1月第1版　2025年1月第1次印刷
书　　号	ISBN 978-7-308-25569-1
定　　价	68.00元

版权所有　侵权必究　　印装差错　负责调换

浙江大学出版社市场运营中心联系方式：0571-88925591；http://zjdxcbs.tmall.com

前　言

M.戴维·梅里尔是美国当代著名教学技术与设计理论家、教育心理学家。梅里尔曾经说："五星教学模式是努力帮助学生学习任何教学内容的模式，也是有效教学的各种'模型'。"

五星教学模式又叫首要教学原理或者五星教学设计，是归纳各种教学设计理论形成的一种教学原理。五星教学模式最主要的目标是研究如何更好地促进教学，即致力于实现学生学习效果好、效率高和主动性强（简称3E教学）的结果。

从五星教学在国内的本土化的应用研究现状可见，五星教学模式符合我们课程与教学改革的要求，是受国内教育界关注，尤其是受一线老师青睐的一种理念先进、操作性强和有效性好的新理论。

阅读和习作是语文学习的两大重、难点，阅读教学在语文教学中费时多、效果差，习作教学一直是教学的难点，常使教师和学生都感到困难，而五星教学模式能对小学阅读和习作教学产生积极的促进作用。

新阅读与习作：五星教学模式下的新体验

　　笔者在认真学习五星教学模式的基础上，以此模式来改进阅读教学和习作教学，并总结了一些经验，试图寻求一条提高阅读和习作教学有效性的较佳途径。

　　本书分上、下两篇，分别阐述阅读教学策略和习作教学策略。本书的一个显著特点是结合课堂实践案例，梳理并总结了阅读或习作课堂教学中聚焦完整任务、激活旧知、示证新知、应用新知、融会贯通原理的具体策略。在上、下两篇的最后一章都运用波纹环状教学原理展示完整的课例，并结合五星教学模式进行深入分析。希望广大的小学教师喜欢本书，更希望大家能将五星教学模式和书中梳理出来的一些经验与策略运用到一线教学之中。

　　基于该模式的阅读、习作教学策略的应用，是真正的以学定教、让堂于生，对学生的有效学习和能力培养具有一定意义。

　　感谢盛群力教授、楼朝辉校长、施民贵特级教师领衔的专家团队对本书的指导，谨特别致以谢忱！

　　衷心欢迎并感谢读者对本书中存在的差错与不足予以指正。

　　本书中提到的"人教版"，指由课程教材研究所、小学语文课程教材研究开发中心编著的《义务教育课程标准实验教科书语文》，2005年6月第1版，2012年5月第11次印刷。

　　"统编版"指目前正在使用的由人民教育出版社出版的《义务教育教科书语文》，2019年12月第1版，2023年12月第5次印刷。

目录

上篇 阅读教学策略

第一章 五星教学模式概说 / 3
　　一、五星教学模式的提出 / 3
　　二、五星教学模式的主要观点 / 4

第二章 运用五星教学模式改进小学阅读教学 / 19
　　一、问题的提出 / 19
　　二、小学阅读教学的重新认识 / 23
　　三、阅读教学课堂结构 / 24
　　四、阅读教学策略构建的理性思考 / 27
　　五、五星教学模式对阅读教学的启发 / 30

第三章 聚焦完整任务的阅读教学策略 / 41
　　一、确定完整任务 / 42
　　二、呈现完整任务的基本策略 / 54

第四章 改进课堂阅读教学的基本策略（上）/ 60
　　一、激活旧知原理的四大阅读教学策略 / 60
　　二、示证新知原理的六大阅读教学策略 / 72

第五章 改进课堂阅读教学的基本策略（下）/ 88
　　一、应用新知原理的六大阅读教学策略 / 88
　　二、融会贯通原理的四大阅读教学策略 / 108

第六章　五星教学模式指导下的阅读教学课例　/ 116

一、课例《伯牙绝弦》

——五星教学模式应用于一篇课文中的课例　/ 116

二、《山中访友》一组课文

——五星教学模式应用于多篇课文中的课例　/ 131

下　篇 | 习作教学策略

第七章　运用五星教学模式改进小学习作教学　/ 151

一、问题的提出　/ 151

二、小学习作教学的重新认识　/ 155

三、习作教学课堂结构　/ 156

四、习作教学策略构建的理性思考　/ 160

五、五星教学模式对习作教学的启发　/ 162

第八章　聚焦完整任务的习作教学策略　/ 169

一、制定真实的任务　/ 169

二、聚焦中心任务的基本方式　/ 176

第九章　改进习作教学的基本策略（上）　/ 180

一、激活旧知原理的四大习作教学策略　/ 180

二、示证新知原理的六大习作教学策略　/ 187

第十章　改进习作教学的基本策略（下）　/ 214

一、应用新知原理的四大习作教学策略　/ 214

二、融会贯通原理的四大习作教学策略　/ 238

附　录　五星教学模式指导下的习作教学课例　/ 257

　　一、蛋壳的妙用——五星教学模式应用于教材内习作教学的课例　/ 257

　　二、《蚂蚁王国》——五星教学模式应用于创造性地使用教材的习作课例　/ 264

　　三、《遨游童话王国》——五星教学模式应用于自创的习作课例　/ 271

参考文献　/ 281

致　谢　/ 287

上 篇

阅读教学策略

五星教学模式的研究过程是持续的、循序渐进的。从国内外目前的文献研究来看，五星教学模式的研究已经越来越细致，越来越接地气。这将帮助我们更好地在一线的学科教学中运用这一教学模式。但无论如何，五星教学模式只是提供了一个大致的、粗略的框架和设想，最终要在应用中体现它的价值和意义。

语文学习中的阅读教学，承载着培养学生语文核心素养的重任。无论是语文课时量中所占的比重，还是教材编排中所占的比例，抑或是语文能力的评价，阅读教学远远高于识字、习作等其他部分的教学。

五星教学模式的研究作为一种对课堂教学结构的研究，在本土化研究上已经迈出了很好的一步。但关注小学，尤其是小学语文阅读领域的研究依然不足。小学阅读教学中如何应用五星教学模式的实践依然是块尚待开垦的荒地，还有不少值得研究的内容。

因此，本篇将重点阐述笔者在教学一线如何运用五星教学模式指导阅读教学，基于聚焦中心任务、激活旧知、示证新知、尝试应用、融会贯通原则下的策略构建，希望对同行有所启发。

第一章　五星教学模式概说

一、五星教学模式的提出

作为第一代教学技术与设计理论的核心人物、第二代教学技术与设计理论的领军人物，梅里尔自1980年以来主要进行"成分显示论""成分设计论"和"教学交易论"的研发工作，代表性著作有《教学设计原理》（1994年）、《概念教学：教学设计指南》（1992年）、《首要教学原理》（2016年）等。

五星教学模式可谓集梅里尔学术研究之大成。他根据已有的文献，通过调查和比较11种教学模式，在2002年发表了《首要教学原理》和《波纹环状教学开发模式》两篇论文，正式开启了五星教学原理研究。在前一篇论文中，梅里尔增补了同其他十余种教学模式进行比较的内容；后一篇论文则讨论了五星教学模式与ADDIE（Analysis分析、Design设计、Development开发、Implementation实施、Evaluation评价）模式的差异以及主要操作思路。[①]2016年7月,梅里尔编著的《首要教学原理》一书出版。

五星教学模式又名首要教学原理、五星教学设计,主要是研究能够更好地帮助学生有效学习的教学应该是怎样的,特别强调"教"与"学",哪怕是运用多媒体技术和网络课程时。

二、五星教学模式的主要观点

(一)五星教学模式的要素

所谓五星教学模式,是指一种处方性教学设计原理。大多数理论都认同最有效的学习是聚焦问题的,并同时包含以下四个不同的学习阶段:激活旧知、示证新知、应用新知、融会贯通。图1.1为五星教学模式中各项原理之间的关系。

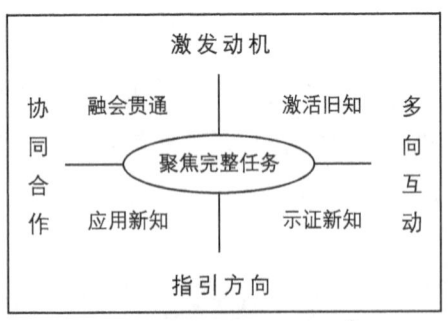

图1.1 五星教学模式之原理[②]

按顺时针的方向依次解读这张图,激活旧知、示证新知、应用新知、融会贯通分别代表了教学循环圈的四个阶段。五星教学模式的聚焦完整任务原理(也叫聚焦解决问题原理)表明,在解决

---

① 盛群力,魏戈.聚焦五星教学[M].福州:福建教育出版社,2015:17.
② 盛群力,宋洵.走近五星教学[M].济南:山东教育出版社,2010:17.

现实世界问题或完成现实世界任务的学习环境中,这样的教学循环是最有效的、最有价值的。

五星教学模式认为,教学应该以问题为中心,而激活旧知、示证新知、应用新知、融会贯通四项原理是对应有效教学四个阶段的。当然,在实施时,梅里尔强调需要同时考虑指引方向(navigation)、激发动机(motivation)、协同合作(collaboration)、多向互动(interaction)四个环境因素的配合。

指引方向 即在课的开始,学习者就知道他们将要学什么,让学习者了解学习内容是如何加以组织的,并且能在学习中融会贯通,有自我反思、改进的机会。

激发动机 即要通过一定的教学方式及富有吸引力的学习氛围,激发学习者的兴趣,并让其拥有公开交流和表现所学知识的机会。在一个完整任务中,学习者的学习不是零碎的片段,教师在教学中不是简单地告知对错,而是通过反馈与激励让学习者更好地学习。因此,最好是在教学中适时延迟判断。

协同合作 即根据学习者的能力、特性等进行异质分组。学习者在这样的异质小组中,分工合作、取长补短,完成共同的任务。

多向互动 即要解决实际问题或完成整体任务。互动要落实到学习实效上,不是一味地图形式的好看或氛围的热闹。

(二)五星教学模式原理及操作要求

五星教学模式博采众长,汲取了各种教学原理共通的部分。梅里尔认为,其最核心的内容是在面向完整任务的教学宗旨下,教学应该由不断重复的四阶段循环圈构成，共有以下 5 个原理（阶段）和 15 个操作要求（见图 1.2）。每一条原理，实际上有三条具体标准或者推论，这样共有 15 条标准，梅里尔称之为五星教学原理。

原理一 聚焦完整任务原理（task-centered principle）：帮助学习者主动参与到聚焦教学任务的教学策略中来。

（1）交代学习任务（show task）：明确结束之后究竟能够做什么。

（2）训练完整任务（task level）：通过练习，掌握完整任务所需要的一个个技能。

（3）形成任务序列（problem progression）：先易后难，先局部后整体，先简单后复杂等，形成一个完整的任务序列。

原理二 激活旧知原理（activation principle）：帮助学习者激活原有知识或经验来促进学习。

（1）回忆原有经验（previous experience）：回忆、说明或展示相关的旧知识。

（2）提供新的经验（new experience）：补救或补充新的经验。

（3）明晰知识结构（structure）：获得或回忆组织新知识的结构。

原理三 示证新知原理（demonstration principle）：帮助学习者关注示证来促进学习。

（1）紧扣目标施教（match consistency）：依据所教的内容来展示论证知识技能。

（2）提供学习指导（learner guidance）：提供从事例到概括的

指导。

（3）善用媒体促进（relevant media）：媒体与教学内容相匹配。

原理四 应用新知原理（application principle）：帮助学习者应用新知识来促进学习。

（1）紧扣目标操练（practice consistency）：依据外显的和内隐的目标来开展练习。

（2）逐渐放手操练（diminishing coaching）：随着对任务的熟练和自主能力的提高，逐渐撤除教师的指导。

（3）变式问题操练（varied problems）：依据任务完成的情况提供自我内部的和矫正型反馈。

原理五 融会贯通原理（integration principle）：帮助学习者在日常生活中综合新知识来促进学习。

（1）实际表现业绩（watch me）：公开展示或表现自己已经掌握的新知识技能。

（2）反思完善提高（reflection）：反思、讨论或自我辩护新知识技能。

（3）灵活创造运用（creation）：创造、发明或探索运用新知识的个性化方式。[1]

---

[1] 盛群力,宋洌.走近五星教学[M].济南：山东教育出版社,2010:17-18.

```
                        激发动机
         (reflection)反思      结构(structure)
           ◇实际表现业绩        ◇回忆原有经验
           ◇反思完善提高        ◇提供新的经验
协           ◇灵活创造运用        ◇明晰知识结构                多
同                                                              向
合        (integration)★融会贯通   激活旧知★(activation)        互
作                                                              动
              ┌─聚焦完整任务★ 聚焦解决问题─┐
              └ 交代学习任务/训练完整任务/形成任务序列 ┘

          (application)★应用新知   示证新知★(demostration)
           ◇紧扣目标操练        ◇紧扣目标施教
           ◇逐渐放手操练        ◇提供学习指导
           ◇变式问题操练        ◇善用媒体促进

          (coaching)辅导      指导(guidance)
                        指引方向
```

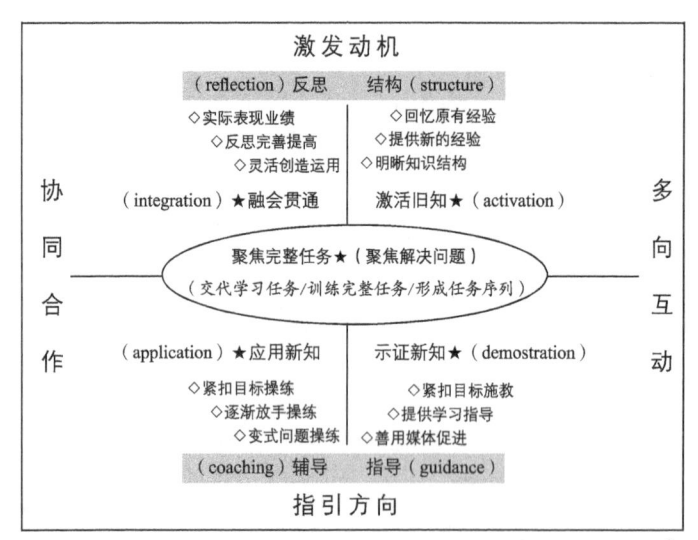

图1.2 五星教学原理示意图（根据梅里尔2002—2007年的研究所绘）[1]

五星教学模式的实质是将具体的事实、概念、程序或原理等教学内容置于循序渐进的实际问题情境中来完成，即在教学伊始，先将问题呈现给学习者，然后根据任务排序展开教学，接着展示如何将学到的具体知识运用到解决问题或完成整体任务中去。只有这样的教学，才是符合学习者心理发展要求的优质高效的教学。梅里尔认为，是否运用五星教学模式直接关系到教学的效能。[2]

（三）五星教学模式和教学策略效能水平

梅里尔认为，对于完成复杂的真实的任务而言，五星教学模式中各个要素有其各自相对的贡献。作为四种基本的教学策略，

---

[1] 盛群力，宋洵.走近五星教学[M].济南：山东教育出版社，2010:52.
[2] 盛群力，宋洵.走近五星教学[M].济南：山东教育出版社，2010:16.

呈现信息、展示论证、尝试应用和聚焦任务,它们的效能等级是不同的。具体分为四个层次水平。

教学策略效能水平 0——呈现信息(information-only);

教学策略效能水平 1——呈现信息+展示论证(information plus demonstration);

教学策略效能水平 2——呈现信息+展示论证+尝试应用(information plus demonstration plus application);

教学策略效能水平 3——聚焦完整任务+展示论证+尝试应用(task- centered with demonstration and application)。

梅里尔认为,假设每一个首要教学原理配合相应的教学策略,复杂学习任务的效果将会提升。在呈现信息水平上加上展示论证新知,可以提升教学的效能。在呈现信息和展示论证新知的基础上,加上与完整任务相一致的应用新知练习和矫正性反馈,可以再进一步提升教学的效能。所有的环节围绕一个完整任务进行,则可以达到教学策略效能水平 3。在水平 1、水平 2 或者水平 3 的基础上运用教学策略增量,可以产生额外的学习效果(见图 1.3)。[①]

---

① 戴维·梅里尔.教学策略效能的不同水平[J].盛群力,华煜雯,译.远程教育杂志,2007(4):18-22.

图1.3　教学策略的效能等级[1]

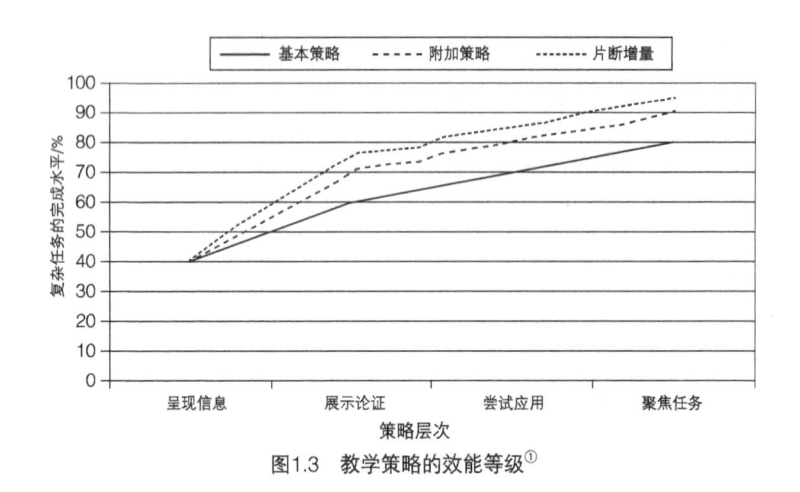

从图1.3中可以看出，在完成复杂学习任务中，仅呈现相关信息，贡献率占40%，如果增加了示证新知，可以提高到60%，再增加尝试应用可以提高到70%，再配以面向完整任务，则可以提高到80%。如果配以其他策略，如激活旧知和融会贯通等，最高可以达到95%左右的贡献率。[2]

可见，要想提高教学效果，在课堂中需要示证，更需要尝试应用和聚焦任务。特别是对于复杂任务而言，一开始，学习者接触的可能是该任务的一个最简单、最容易完成的版本。在技能熟练后，学习者便能够渐渐完成接近于完整任务的任务，直至完成最后一个最复杂的任务。五星教学模式就是用来促进学习者掌握完成各种任务所需的知识技能，以便最终完成复杂的任务。

---

[1] 盛群力,宋洵.走近五星教学[M].济南：山东教育出版社,2010:21.
[2] 盛群力.五星教学过程初探[J].课程·教材·教法,2009(1):35-40,55.

（四）波纹环状教学开发模式

如果说五星教学模式关注的是课堂教学结构的合理性，那么，波纹环状教学开发模式关注的则是教学任务的排序。波纹环状教学开发模式是同五星教学模式相匹配的，用来促进实施五星教学模式。

该开发模式以"聚焦解决问题或完整任务"为起始环节，选择某个具体的复杂的真实任务，以表示学习者在教学活动结束之后所做的事情；第二环节是确定一组复杂的真实任务的先后序列；第三环节是教学成分分析；第四环节是教学策略适配；第五环节是教学互动界面设计；第六环节是课件制作或产品定型制作。这一系列环节环环相扣，层层递进，螺旋上升，逐渐扩展，直至最终完成教学设计的整个工作（见图1.4）。波纹环状教学开发模式在许多方面都有新的创造，对教学设计模式或教学开发模式的发展将会起到很好的推动作用。①

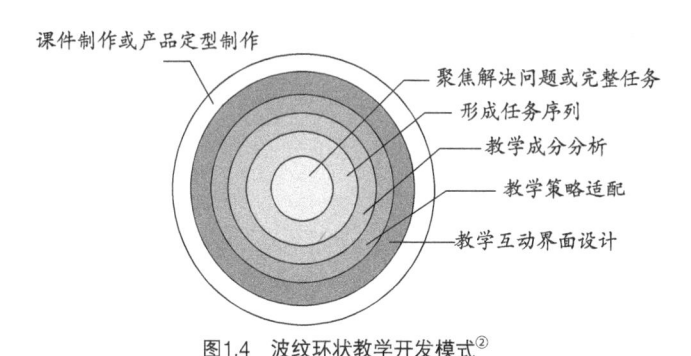

图1.4　波纹环状教学开发模式②

---

① 盛群力,马兰.走向3E教学——三述首要教学原理[J].远程教育杂志,2006(4):17-24.
② 盛群力,宋洵.走近五星教学[M].济南：山东教育出版社,2010:22.

2007年，梅里尔对该开发模式做了进一步介绍，并在原来的基础上添加了两环，即在具体教学过程中还要配以教师的适当指导以及合理的评估设计等后续环节。

以往在教学设计初期，只有一个粗略的教学目标，教学内容只有到了教学的开发阶段才会确定下来。但是，在波纹环状教学开发模式中，教学内容在一开始就被明确并影响着所有环节。同时，传统的教学模式关注的是个别零散的知识技能教学，完整的任务被割裂成一个个小项。和传统教学模式不同，波纹环状教学开发模式注重聚焦任务的教学内容，并在开始时就告知学习者要完成的一项复杂任务，教学过程就是围绕任务所需要的知识技能在一个个小任务中教学，然后再教另一个完整的复杂任务所需要的知识技能，在此基础上再作综合与扩展。就这样，不断重复，直到学习者掌握任务序列中所有的技能为止。可见，这个过程与原来的课程设计明显不同。

（五）五星教学模式的开发程序

目前，梅里尔认为影响学习效率的因素有三类：第一类是教学的传递方式（例如传统的教师主导学习、在线学习和光盘学习）；第二类是教学策略（例如讲解说明、示证新知、尝试操练和实际应用）；第三类则是教学内容（例如内容选择、内容序列、内容结构）（见图1.5）。[1]

从图1.5中可以看出，教学内容占影响学习效果的50%，教

---

[1] 盛群力,华煜雯.面向完整任务的教学排序与评估——四述梅里尔首要教学原理[J].远程教育杂志,2008(4):16-24.

学策略和传递方式合起来占25%，其他不明因素占另外的25%。因此，在梅里尔看来，影响学习效果最大的因素是教学内容。教学内容把握好了，教学也就成功了一半。

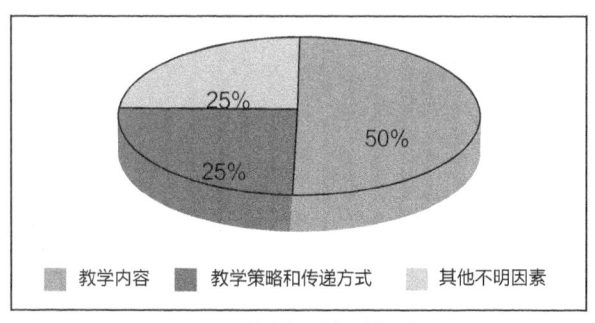

图1.5 影响学习效果的因素

1.选择真实任务

聚焦解决问题或聚焦完整任务是五星教学模式的重中之重。波纹环状教学开发模式的第一步就是确定一个完整的真实任务和一个该任务的样例。真实的任务是学习者未来生活中可能会接触到的事情或问题，它可能是个独立的任务，也可能是大任务中的小任务。这个真实的任务常常是一个非良构问题，也就是说会有多种可能的答案。因此，让学习者在自然状态下完成任务是最优的形式。

2.形成任务序列

要保证教学不是支离破碎的知识技能，而是突破一个个任务进行的，就要依靠波纹环状教学开发模式的第二步——形成任务序列。

任务序列中的任务不仅仅是某个更大的任务中的一步，还应该是相对独立并且是较为完整的任务。简单地说，大任务分成小任务，这些小任务即为完成大任务的某一个环节，同时也是独立的、可由更小任务组成的任务。当碰到复杂任务时，可以先重点突破，把单个任务的难度提升。也就是说，并非每个任务都要完成整个任务序列需要的所有技能成分，只需要在最后一个任务序列中包含所有技能即可（见图1.6）。

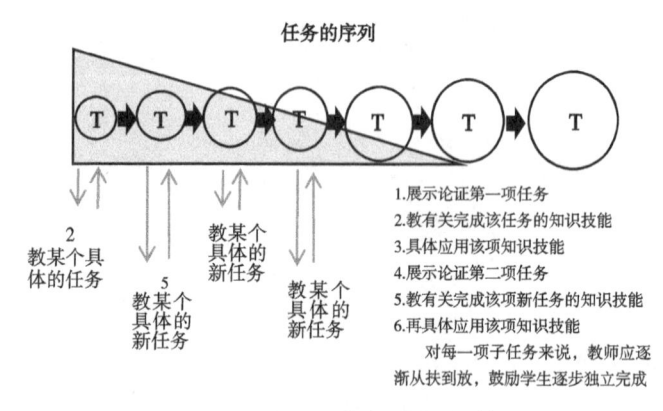

任务的序列

1. 展示论证第一项任务
2. 教有关完成该任务的知识技能
3. 具体应用该项知识技能
4. 展示论证第二项任务
5. 教有关完成该项新任务的知识技能
6. 再具体应用该项知识技能

对每一项子任务来说，教师应逐渐从扶到放，鼓励学生逐步独立完成

图1.6　聚焦完整任务的教学策略[①]

图1.6很清晰地表达了任务序列的渐进过程。在第一阶段，任务序列的开端只呈现了整个任务的一部分，随后的每个任务都将逐渐提高单个任务的难度。在第二阶段，在学习完整的任务之后，学习者应该会有机会接触这个更加复杂的任务的其他完整实例。[②]任务序列呈现的是从扶到放的过程，越往后，任务的复杂程度越高，完成任务所需要的知识技能越多。同时，越往后，教师

---

① 盛群力,宋洵.走近五星教学[M].济南：山东教育出版社,2010:258.
② 盛群力,宋洵.走近五星教学[M].济南：山东教育出版社,2010:28.

提供的指导越少,前一个任务中以指导的形式出现的知识技能在下一个任务中就需要学习者自行应用而不再有指导。

3. 教学成分分析

教学包含了两个主要成分:教什么,即学科内容;如何教,即教学策略。进行教学设计时,需要用恰当的方式描述内容,并且适用于所有学科。梅里尔认为,绝大多数学科内容都可以看成是一些基本的知识与技能的组合。一种成分技能是知识与技能的组合,这是解决复杂问题或者完成复杂任务所需要的。表1.1确定了五种主要类型的成分技能:是什么、有什么、哪一类、如何做和发生了什么。每种类型的成分技能都针对不同的内容要素。

表1.1 教学内容中的一般信息与细节刻画

成分技能名称	一般信息	细节刻画
是什么	事实、联系	无
有什么	名称、描述	这一成分在一个特定整体中的相对定位
哪一类	定义——界定类别的一组属性	具体实例——说明类别属性的具体正例和反例
如何做	步骤与顺序	刻画具体例子的程序
发生了什么	条件与后果	刻画具体例子的过程

是什么和有什么,有时也称为言语信息;哪一类,有时称之为概念;如何做,有时称之为程序;发生了什么,有时称之为原理。表1.2呈现了五种成分技能包含的内容信息的特性。

表1.2 各成分技能包含的内容信息的特性

成分技能名称	所包含的内容信息的特性
是什么	信息与特定的单一实体、活动,或者过程有联系,且难以做出概括

续表

成分技能名称	所包含的内容信息的特性
有什么	需要记忆的成分的名称、位置与描述
哪一类	要求学习者能确定某一类物体、符号和过程的具体实例,并且这些实例具有一些共同特征。同一种类中的实例在享有共同特征的同时,依然可以加以区分
如何做	为了完成一些目标或者引起一些结果,学习内容规定了学习者所要做的事件顺序
发生了什么	由一个"如果……那么……"的命题来表示,如果条件成立,那么结果自然发生

由此我们可知,是什么和有什么成分技能并不是课程的主要目标,但可以起到支持作用。哪一类成分技能是解决复杂问题的基础。如何做成分技能通常是教学的主要目标。

内容要素是教学事件中关于学科内容的个别成分。教学事件是指内容要素与某个教学互动的结合。各种类型的成分技能包含的内容并非相同,是有差异的。五星教学模式中的"紧扣目标原则"主张:对于一项特定类型的成分技能进行示证与呈现,必须与掌握该技能的目标保持一致。[①]学习内容通常以两种方式呈现:一般和特殊。信息适用于许多案例及情境。特殊的内容要素称为细节刻画。

梅里尔主张,五星教学模式并不能解决教所有技能的问题,它可能最适宜于教概括化的技能。所谓概括化的技能,是指能应用于两种以上具体情境的认知技能,即概念(哪一类)、程序(如何做)或原理(发生了什么)。概括化的技能通过"呈现信息""具

---

① M.戴维·梅里尔.首要教学原理[M].盛群力,钟丽佳,等译.福州:福建教育出版社,2016:54.

体刻画"两种方式加以表征。信息往往采用"讲解"和"提问"的手段加以呈现。具体刻画用来表示具体的、特定的情境,往往采用"展示""练习/应用"的手段加以明示。①

针对三种不同的成分技能,表1.3呈现了与学习结果类型相一致的信息呈现和具体刻画要求。

表1.3 与学习结果类型相一致的信息呈现和具体刻画要求[②]

成分技能名称	信息呈现		具体刻画	
	呈现(讲解)	回忆(提问)	展示(示范)	应用(操练)
概念 (哪一类)	讲解定义	回忆定义	展示若干具体事例	对新事例进行分类
程序 (如何做)	讲解步骤的序列	回忆步骤与序列	在若干不同的情境中展示该程序	在各种新的情境中执行该程序
原理 (发生了什么)	讲解在过程中所涉及的条件和后果	回忆在该过程中所涉及的条件与后果	在若干不同的情境中展示该过程	通过在新的情境中查找欠缺的条件来预设结果

要将技能内化,首先学习者要能记住信息,其次,要能在事例中明白相关技能的本质特征(示证新知),还要尝试应用技能信息到其他的事例中(应用新知)。这些都依赖于对信息和细节作出分析,需要学习者内化信息和细节。

五星教学传递策略主要讲的是在课堂上采取什么样的互动方式展开教学。这些策略将在后几章具体展开,这里不再赘述。

如果我们用一段比较形象的句子来说明五星传递教学策略的运作与效果,那么可以这样来表达:面向完整任务——"吸引我投

---

① 盛群力,宋洵.走近五星教学[M].济南:山东教育出版社,2010:52.
② 盛群力,宋洵.走近五星教学[M].济南:山东教育出版社,2010:59.

入！"（attract me）；激活旧知——"引导我入门！"（lead me）；示证新知——"教会我理解！"（show me）；应用新知——"辅导我操练！"（coach me）；融会贯通——"考查我运用！"（watch me）。①

---

① 马兰,张文杰.教学设计[M].北京:高等教育出版社,2012.

第二章 运用五星教学模式改进小学阅读教学

一、问题的提出

(一)阅读素养是语文核心素养的核心

阅读是学生获得信息的重要渠道,良好的阅读素养将为学生一生的幸福打下基础,因此有关阅读的研究成为国内外教育研究的热点。[①]国际阅读素养进展研究(PIRLS)也认为,从小学就开始培养学生的阅读素养,是非常有必要的。

课程标准也提出,学习者语文素养的产生与发展是语文学科努力追求培养的。而阅读又是提升语文素养的主要渠道,是学生学习其他学科及未来幸福生活的基础。而核心素养并非与生俱来的,它是可以经过后天培养的。[②]但语文素养的提升需要载体。在

[①] 朱伟,于凤娇.国际阅读评价研究对我国阅读教学的启示——以PIRLS 2011 和 PISA2009 为例[J].上海教育科研,2012(4):52-55.
[②] 钟启泉.核心素养的"核心"在哪里——核心素养研究的构图[N].中国教育报,2015-04-01.

日常教学中，承载着培养学生语文核心素养的载体就是阅读教学。

无论是语文课时量中所占的比重，还是教材编排中所占的比例，抑或是语文能力的评价，小学语文第二、三学段中阅读的重要性远远高于识字、习作等其他部分。毋庸置疑，阅读教学居于小学语文教学的核心位置。在很大程度上，语文教学的优劣是由阅读教学的有效性决定的。因此，提高阅读教学有效性的策略是小学语文教学无法回避的课题。

（二）基于小学阅读教学的现状思考

小学第二、三学段的学生处于阅读体验的关键阶段。他们经过第一学段字、词、句的学习积累，有了一定的阅读经验，已经初步具备了抽象概括的思维能力，对词与概念的理解日益丰富、深刻。但随着年龄的增长，学生的课堂参与积极性明显低于第一学段。因此，小学第二、三学段的阅读教学不再需要教师简单地传授知识点，而是需要让学生学会如何学习，注重学生阅读素养的形成，注重学生的学习过程。而在小学语文中，阅读教学一贯是教师们比较难啃的一块"骨头"。

1. 对阅读能力因素把握不准

在阅读教学中，将语言构建与运用、思维发展与品质、文化传承与理解、审美鉴赏与创造几方面语文素养培养放在一边，导致"高耗低效"的现象普遍存在。

这种课堂屡见不鲜。其一，由于教师受应试教育的影响，造成课堂环节零碎或面面俱到，严重束缚了学生阅读思维能力的拓展，将语文核心素养的培养变成纸上谈兵。其二，为了追求公开课的观课效果，不少课在形式上"花里胡哨"，手段上"层出不穷"，特别是一些集众人智慧、精心雕琢的公开课、研究课，容量特别大，节奏也较快，教学手法多样。但由于没有把握教育学的规律，课堂变成教师的展示，缺乏学生的尝试应用，实效性令人质疑，更别说培养学生的阅读能力与语文核心素养了。

2.对阅读教学的实施和理解存在偏差

现象一：新课程标准实施后，虽然涌现了不少小学语文阅读观点和理念，但是在实际教学中仍然存在"穿新鞋、走老路"的情况，如日常教学中教师滔滔不绝，把学生当成机器般不断地重复训练。教师只是一味地让学生感知内容，体会教材的人文性，或反复体会语言点却缺乏练习，导致学生课文学了不少，但阅读能力提升缓慢或停步不前。

现象二：在新课程改革的大背景下，语文教师学习并认同了各种层出不穷的小学语文阅读教学模式，并努力地在课堂教学中运用，如探究性阅读、个性化阅读、主题式阅读等。但由于教师水平的差异及实践研究能力的匮乏，流于形式的现象也难免存在。最关键的原因是没有从教学设计原理、学生学习心理的角度，为一线教师提供处方性的阅读教学策略，帮助教师进行教学设计。

3.阅读评价体系不严谨

阅读评价的体系需要严谨。阅读课的评价一定要在教学初就已根据教学目标科学地制定完成。评价是教学环节中非常重要的一环，它不仅能检测目标的达成度，而且能对目标做进一步的修正。然而就阅读教学的现状与PIRLS 2011比较，没有严密的评价体系是我国阅读教学最大的缺憾。就连课后习题都强调文学体验，忽视信息提取，对文章评价重视不够，更何况平时做的阅读练习。[1]因此，出现师生"两茫茫"或教学与评价"两张皮"的现象也不足为奇。

PIRLS 2011认为，师生比例、教师的特点与态度、学生的个性与情绪、阅读的策略与活动以及阅读的评估，将直接影响学生的阅读能力发展。[2]可见，了解教育对象、合适的阅读策略及阅读能力结构与层级都将影响阅读。在教学中，教师要根据学生的身心特点，紧紧围绕课程标准和阅读能力因素，本着学生阅读素养的提升，让学生在有效的阅读教学中循序渐进、持续地锻炼阅读，最终形成独立阅读的能力。

（三）基于五星教学阅读的研究现状

五星教学模式的研究作为一种对课堂教学结构的研究，在本土化研究上已经迈出了很好的一步。虽然在梅里尔《首要教学原理》一书中，以及舟山市沈家门第一小学关于五星教学的应用研究中都有不少案例，但其大多集中在在线学习和技能学习方面。关注小学，尤其是小学语文阅读领域的研究依然不足。小学阅读教学中如何应用五星教学模式的实践依然是块尚待开垦的荒地，还有不少值得研究的内容。

笔者在翻阅大量期刊、书籍等资料后，对国内有关"阅读教学策略"的文献进行梳理。从研究现状来看，国内对适用于各学

---

[1] 高馨培.PIRLS2016阅读评价框架下的教科书练习设计研究[D].上海：上海师范大学,2015.
[2] 何山.国际阅读素养进展研究对我国阅读教学的启示——以PIRLS2011为例[J].徐州师范大学学报（教育科学版）,2012(4)：56-59.

科的基本教学策略的研究较多，而缺乏对适用于语文学科的特殊教学策略的探讨。[①]在阅读能力的培养上，除提升学生的学习动机与兴趣之外，更应该进一步指导学生运用阅读策略。[②]记忆知识本身并不重要，关键是要让学生会学习。

笔者发现，基于五星教学模式下的阅读教学策略的文章非常少。因此，借助梅里尔的五星教学模式，对小学语文阅读教学课堂的现状分析，运用五星教学模式指导小学阅读教学，根据阅读教学需培养的能力，特别关注示证、应用、聚焦问题、激活、整合几个原理的贯彻，并在课堂中实践，总结出阅读教学策略，使其具有较强的针对性和可操作性。这样不仅可以在一定程度上填补五星教学模式应用于小学语文阅读教学的空白，还可以提升阅读教学质量，构建阅读教学策略。

二、小学阅读教学的重新认识

为了更好地认识阅读教学，首先得厘清"阅读"和"阅读教学"两个概念。

阅读是搜集处理信息、认识世界、发展思维、获得审美体验的重要途径。从本质上讲，阅读就是一种运用概念进行吸收、判断、推理、内化的复杂思维过程。同时，阅读教学是学生、教师、教科书编写者、文本之间对话的过程。阅读是学生的个性化行为，阅读教学应注重培养学生具有感知、理解、欣赏和评价的能力。

---

① 周小蓬.中外母语教学策略[M].北京：北京大学出版社，2011:1.
② 陈铮,田良臣.阅读教学改革新途径——阅读策略教学[J].贵州师范大学学报（社会科学版），2004(2):81-85.

由此可见，阅读是个性化的行为，而阅读教学是教与学、师与生的动态活动过程。

阅读能力不是与生俱来的，而是通过一定的教学培养的。在教学中，将阅读与表达融为一体，培养学生的感知、理解、欣赏和评价方面的能力是阅读教学的关键。因此，阅读教学是培养阅读能力的好载体，也是语文教学的重头戏。

需要说明的是，本文所指的阅读教学专指以现行教材中的课文为载体进行的阅读教学。

三、阅读教学课堂结构

（一）阅读教学课堂结构的内涵

近几年，提倡教与学的方式的改变，而学习方式的变革与教学方式的变革息息相关，需要通过课堂教学结构调整或者改变来实现。因为结构决定功能，教学结构不改变，学生的学习方式和语文素养很难得到改变和提高。[1]

教学结构，是指在一定教学理论、学习理论指导下展开的课堂教学活动中的稳定的形式。"以教师为中心"的教学结构、"以学生为中心"的教学结构和"学教并重"的教学结构，是目前教育界主要的三类教学结构。[2]众所周知，学生是语文学习的主体，教师是学习活动的组织者和引导者。由此可见，新课程标准背景下的小学语文课堂教学提倡"学教并重"的教学结构。

在实际教学中，教学结构既包含了教学双方的活动，也包含

---

[1] 刘唐军.语文新课程课堂教学结构研究[D].成都：四川师范大学，2011.
[2] 余胜泉，马宁.论教学结构——答邱崇光先生[J].电化教育研究，2003(6):3-8.

了教学中的各个环节间的层次与逻辑。教学结构不等同于教学过程，教师在课堂中不能"走流程"或"走教案"，不能忽视与学生的互动及每一个环节的具体操作，因为每一步活动的具体操作都关乎学生能力的培养。教学结构也不等同于教学环节，教师不注重各部分之间的连贯而不停地教、让学生反复地练，并不能提高教学效果。在课堂教学中，课堂教学结构包括各要素间的时间关系和空间关系两方面的内容，即教学内容之间除了要有顺序上的先后，还要有层次上的变化。

（二）优化阅读教学课堂结构需处理的几个关系

一堂课上得好不好，取决于教学内容与教学方法组合后所形成的教学结构，所以课堂教学结构设计的好坏会直接影响课堂教学的效果。课堂教学结构虽然是课堂教学的组织形式，却体现着教师的教育教学思想。在第三学段阅读教学课堂结构中需处理好以下几对关系。

1.教与学的关系

教学，顾名思义，包括"教"和"学"。因此一直以来，焦点都在两者的比例分配上，阅读课更是如此。课堂上的提问、示范和必要的讲解等为"教"，主要指教师的活动；听、说、读、写等为了掌握相关技能而进行的学生活动为"学"。因此，仅有"教"或仅有"学"，都是无效的学习。"教"与"学"缺一不可。"教"是为了学生更好地"学"，"学"需要"教"的示范与反馈，两者是相互依存的有机整体。

每节课的教学时间是固定的，由于语文是一门工具性与人文性相结合的学科，在教学中，大部分教师"教"的时间远远多于学生"学"的时间。因此，处理好"教"与"学"在课堂教学结构中的比例，才能保证阅读教学的质量。课堂中，只有聚焦目标的"教"和足够时间的"学"，学生才能真正成为课堂的主体，教师的教才是有效的。

2.理解内容与理解形式的关系

语文教学注重"内容"还是注重"形式"，是当今阅读教学存在普遍争议的问题。其实两者是辩证关系，脱离了对文章内容理解的文本形式的学习是呆板的、机械的、缺乏生命力的，而且学生对形式也难以真正理解。但如果仅是分析文章表达特色，对内容不理解，那也无法透彻地理解文章的形式特点。因此，只有把内容理解与形式理解结合起来，才能更大限度地发挥阅读教学的效益。当然，我们会发现在第一学段理解内容的时间多于理解形式的时间，到了第二、三学段，内容理解花费的时间会少于对形式研究的时间。

3.听、说、读、写与整体优化

听、说、读、写四种能力都很重要，都是语文学习需培养的能力，但并重不等于在训练时要平均用力，每堂课都要涉及。听与读是输入、吸收，说与写是输出、运用。如果说前者是内化的过程，那么后者就是外化的过程。假使吸收的量不足或者质不高，一定会影响到输出质量。在教学中，听、读与说、写的关系，教师要处理好，从而达到整体优化的训练效果。

在不同学段，四种能力的侧重点也有所不同。教师要根据学段特点、课文特色进行优化。在第三学段的阅读教学中，教师需更多关注学生读与写的能力。

4.集体学习、小组合作与独立学习

在阅读教学，特别是第三学段的阅读教学中，经常会用到小组合作的学习形式，比如分享阅读体会、交流自己的发现等。在合作学习中，由于环境更放松，每个学生都能有交流分享的机会。阅读最终还是需要学生与文本对话，但如果合作学习太多，则会减少学生独立进行语言实践活动的机会，长此以往，阅读教学将会变得低效。

阅读课的课堂教学虽然以班级集体教学的形式出现，但最终要落实到每个学生阅读能力的提高上。而学生阅读能力的提高主要靠学生个体活动，如独立阅读、思考等。特别是第三学段的学生，他们已经有独立的见解，更渴望自己独立思考或与同伴合作学习。基于此，在课堂教学中，教师应控制集体活动的时间，多增加大面积的个体活动，适当地让学生合作讨论，且在集体活动、合作讨论前让学生有独立思考的时间，对学生先进行学习方法的指导，这样个体学习才有支架，有阶梯，才能落到实处。

四、阅读教学策略构建的理性思考

（一）阅读教学策略的基本要义

教学策略是教学中行为方式、方法、技术、媒体的选择计策、设计技术和应用技巧的总称。[1]教学策略还应包括学习策略和学法指导等，是教师在解决问题的过程中所使用的一种特殊的知识。

---

[1] 区培民.语文教师课堂行为系统论析：课程教学一体化的视点[M].上海：华东师范大学出版社,2001.

也就是说，阅读教学策略是通过阅读教学培养学生阅读能力的桥梁（见图2.1）。适恰的阅读教学策略能提高阅读教学的实效，使学生的阅读能力得以提升。因此，阅读教学策略的运用决定着阅读教学的有效性。

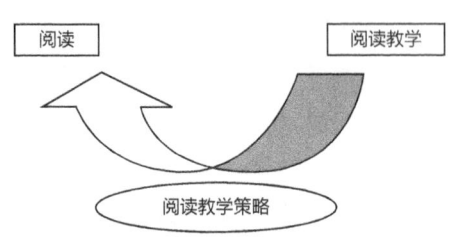

图2.1 阅读、阅读教学、阅读教学策略的关系

（二）阅读能力层级

阅读教学中对学生阅读能力的培养需要科学地运用阅读策略，让学生从"学习阅读"过渡到"阅读学习"。虽然小学有三个学段的阅读目标，但在实际操作中，一些教师并不知道阅读能力的细项，在每个学段阅读能力要素重点的把控上也拿捏不好，导致教师教得"满头大汗"，学生却收效甚微。

在构建阅读教学策略前，教师需要了解阅读能力的要素及层级，也就是要找准该学段阅读能力培养的重点，所谓"对症下药"。祝新华教授在2005年提出的"六层次阅读能力系统"列出六种能力元素：创意能力、评鉴能力、伸展能力、重整能力、解释能力和复述能力（见表2.1）。

表2.1 阅读的六种能力元素

能力	说明
创意能力	为篇章提出富有新意的解决问题的方法、见解 为篇章选用新的题材 灵活运用所读信息解决相关问题
评鉴能力	评说人物 评说思想内容 鉴赏语言、表达技巧
伸展能力	推断句子的深层意义 推断篇外信息 推断作者、文内人物某言行隐含的情绪、观点、态度等 推出读了篇章后所得的感悟、懂得的道理
重整能力	厘清篇章内容关系 给篇章内容分段分层 从篇章某处摄取特定信息 概括段意或层意、主要内容 辨识篇章的表达技巧
解释能力	解释文中的词语、短语的意义 解释语句的表层意义（命题意义）
复述能力	抄录词句，指出显性事实 抄录词句，得出找到某结论的显性事实（依据）

阅读是一个多维、立体的复合结构，很多学者对阅读能力的因素及其特性的认识并不一致。多数学者运用认知心理学原理揭示语文能力因素，但也有学者侧重于从心理学与教育学的角度进行研究。特级教师余琴仅仅通过一张图就能让人对阅读能力要素和层级一目了然（见图2.2）。

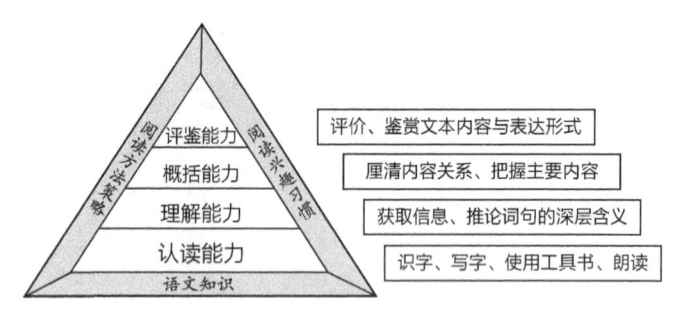

```
        评鉴能力     评价、鉴赏文本内容与表达形式
        概括能力     厘清内容关系、把握主要内容
        理解能力     获取信息、推论词句的深层含义
        认读能力     识字、写字、使用工具书、朗读
         语文知识
```

图2.2　语文阅读能力的要素和层次

从图 2.2 可以看出，阅读能力由语文知识、阅读方法策略以及阅读兴趣习惯组合而成。阅读能力要素从低到高分别是认读能力、理解能力、概括能力、评鉴能力四种。这四种能力与《义务教育语文课程标准（2022 年版）》学段"阅读与鉴赏"标准相一致，也就是说从第一学段到第二、三学段，小学生阅读理解能力的发展呈现出明显的由低到高、由易到难的层级特征。在层级结构上，阅读教学第一学段以认读能力、初步理解能力为主，第二学段以理解能力、初步概括能力为主，第三学段则以概括能力、评鉴能力为主。因此，第三学段阅读教学中更关注把握文章主要内容、从阅读中学表达、材料取舍、对人物的评析等侧重概括与评鉴的能力。

五、五星教学模式对阅读教学的启发

近年来，语文界的专家、学者以及一线教师纷纷提出各种教学模式，有的从整堂课的角度思考，有的从语文学科某方面入手。不难发现，尽管这些模式都有各自的优点，但在理论支撑上仍然显得苍白无力。这也是我国语文教学，尤其是阅读教学效率低下的重要原因。

在新的教学理念指导下，课堂教学也在不断探索转变教与学的方式，以学定教，还堂于生。五星教学模式就是促进学生学习，提高教学 3E（学习效果好、效率高、主动性强，简称 3E）的好模式，特别是对于一直重教轻学、缺乏聚焦性的阅读方面。

（一）聚焦阅读能力层级的完整任务

五星教学原理最大的特点便是聚焦完整任务。完整任务往往是让学生运用阅读能力解决一个现实问题。《义务教育语文课程标准（2022 年版）》的课程理念中提到："增强课程的情境性和实践性，促进学习方式变革。"同时在教学建议中也提出："语文学习情境源于生活中语言文字运用的真实需求，服务于解决现实生活的真实问题。"[①]

在传统的小学语文阅读教学活动中，相关的教学目标缺乏深入的思考与解读，仅仅是一个整体的框架，如学生要掌握课文生词、自己阅读后理解课文大意、能基本体会课文中的思想感情等，这些教学目标太笼统、太宽泛，几乎放在任意一篇课文的教学中都合适，缺乏教材的个性特征。这样的教学目标设定，一定会影响教学的有效性。

五星教学原理的聚焦完整任务，与传统教学目标的制定不完全一样。完整任务指向于学生运用本节课习得的阅读能力，完成现有生活实际的问题，可以说完整任务是高于教学目标的更具体

---

① 义务教育语文课程标准：2022 年版[S]. 北京：北京师范大学出版社，2022：3，45.

的操作性的"作业"。因此，五星教学原理需要我们在制定第二、三学段任务时，不仅要立足于学生现有的实际状况，同时还要充分考虑教学内容和教材的知识点或技能点，创设一个适合学生融会贯通的任务。

这样恰恰解决了目前阅读教学中过于注重阅读低级能力培养而忽视阅读高级能力培养的问题，也解决了阅读教学课堂结构中内容与形式、听说读写与整体优化的关系。

以统编版六年级下册《藏戏》一课为例，比较传统的阅读教学目标与五星教学模式下的阅读教学完整任务（见表2.2）。首先，从目标或任务与学生现实生活的密切程度来分析，传统的阅读教学目标更多的是基于课文知识技能的角度，希望学生明白或掌握某种知能；而五星教学模式下的完整任务，则关注学生用课文中学到的某种知能去解决生活中的某个问题，而不仅仅关注对课文所介绍的内容的理解。也就是说，五星教学模式更关注"应用"。其次，从阅读素养的角度来看，传统的阅读教学目标中，第一和第三个目标均注重认读能力，第二个目标则关注理解、概括能力；而五星教学模式下的完整任务，更关注学生的高层阅读素养，培养的是学生伸展、评鉴、创意的能力。

表2.2 传统的阅读教学目标与五星教学模式下的阅读教学完整任务的比较
——以六年级下册《藏戏》一课为例

传统的阅读教学目标	五星教学模式下的阅读教学完整任务
学习并积累"鼻祖""旷野""随心所欲"等词语和优美语句。 了解藏戏的形成，体会藏戏独具特色的艺术形式，体会在表达上的特点。 有感情地朗读课文	体会藏戏独具特色的艺术形式。 能运用文章使用表达方法介绍一种艺术形式

阅读教学不再是一篇篇孤立的课文，而是像一个个围绕着中心任务滚动向前的雪球，这样的学习迁移性更好，更容易激发学生的学习兴趣，而且面向实际问题的中心任务，使学生的学习更接地气。

（二）聚焦完整任务的教学内容排序

梅里尔认为"教学内容尊为王，教学设计贵为后"，也就是说课堂上教什么，比怎么教更为重要。教学内容的排序和选择犹如选择一条到达目的地的捷径，而教学设计只是沿途的风景。如果连路都选错了，风景再美，也只会浪费更多时间，甚至南辕北辙，造成低效或无效。

一篇篇课文承载着很多内容，与其面面俱到或者平均使力，不如重点击破，把技能转化为学生自身的能力，让学生在紧扣目标的教学内容的安排中，通过示证、应用，达到融会贯通，如此才能让阅读教学高效。

但在传统的教学任务排序策略中，往往是一个接一个地教授某些主题（见图2.3）。在这种教学策略下，经常采用练习或测验评估学习者学到的知识和技能。各主题间相互孤立，只是在模块或课程的结尾部分，才会有一个要求学习者应用该主题所学知识和技能的最终任务。在这种策略下，学生一开始并不知道知识和技能最终将怎样应用，脱离情境来学习知识和技能，也很难拥有积极的学习心向和在实际生活中应用知识和技能的心理模式。

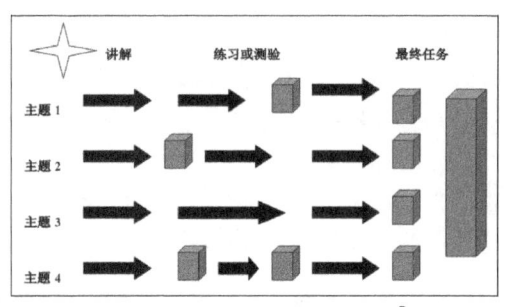

图2.3 传统的教学任务排序策略[1]

聚焦完整任务的教学排序策略(见图 2.4)则在一开始就让学生进入完整任务中。各主题内容的学习是在完整任务的指导下，统一排序进行的。也就是说各任务之间彼此相关，一起促进学生最终能运用所学的知识和技能，解决现实问题。教学从示证任务序列中的第一个完整任务开始。

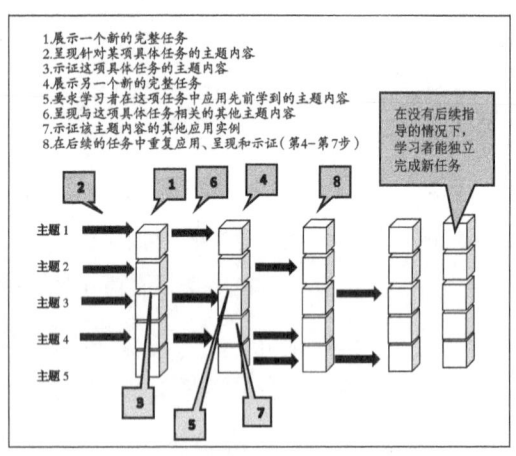

图2.4 聚焦完整任务的教学排序策略[2]

---

① 盛群力,宋洵.走近五星教学[M].济南：山东教育出版社,2010:31.
② 盛群力,宋洵.走近五星教学[M].济南：山东教育出版社,2010:32.

笔者运用五星教学模式对阅读完整任务排序的理解有两种（见表2.3），一种是在一篇课文的教学中，围绕完整任务有序排列各环节；另一种是在聚焦完整任务下的单元统筹排序教学。

表2.3　传统的语文阅读教学各部分间关系

	课文1 （环节一）	课文2 （环节二）	课文3 （环节三）	课文4 （环节四）
知识或能力	知识或能力1	知识或能力x	知识或能力x	知识或能力x

以一组课文的内容排序为例，阐述传统模式下的教学任务和五星教学模式下的教学任务差异。传统的教学任务排序往往按照教材的顺序一篇篇地进行教学，即学生以课文为单位学习，在学习园地（也就是四篇课文学完后）才知道要用新学的知识与技能写作。也就是说学生在学习之初，并不知道自己要学什么。教师在课堂中没有一个从扶到放的过程，教学时各自为政。实际上，在传统阅读课中，教师只是按照教材顺序教学，根本没有从单元整组的角度，聚焦一个完整任务，对单元课文的排序进行思考。

如果把四篇课文作为一个个看似孤立的教学内容进行教学，有悖于知能的完整性，同时不利于学生对于知能的迁移和应用。因为教学时每篇课文在重复示证，没有给学生提供尝试应用的机会。

我们完全可以运用聚焦完整任务的内容排序策略，将一组课文看成一个教学整体，进行单元整组教学。虽然第三学段依然按人文主题进行编排，但在每个单元导语中已呈现本单元的学习重点，我们可以以此为据，结合课程标准，制定一个基于单元整组学习为内容的完整任务。以一篇课文为例进行示证新知，另几篇课文进行应用尝试或应用时再示证，这样不仅删去了重复的环节，而且给了学生应用新知的保证。这样的任务安排具有向心性，更加体现学生的学习过程，注重应用、迁移；教师在教学过程中也遵循了从扶到放的规律。总之，整个单元教学中，教师围绕中心任务，通过激活旧知，将课文作为示证新知、应用尝试、融会贯通的任务载体开展教学，让学生逐步学会独立面对完整任务。

在五星教学模式指导下的阅读教学是真正面向学生学会知能，并能在实际生活中运用的教学。这种在完整任务统筹下开展的教学，学习目的性更明确，学习效果更高。

（三）聚焦完整任务的差异教学策略

教学策略是适用于特定类型成分技能的一组处方性教学事件。针对不同的学习结果，需要不同的适宜策略。

表2.4对每种成分技能的主要教学策略作了总结，并在各列中一一呈现，其中教学方式包括讲解、提问、展示与操练。横栏中相应的内容表征方式则包括一般信息呈现和细节刻画。讲解和展示多运用于呈现/示证信息，提问和操练多运用于尝试练习/应用新知。表格第一列是不同的成分技能类型，后面每个单元格中列出了主要的内容要素，每种特定成分技能和教学方式相结合，从而形成了教学策略事件。[1]

---

[1] M.戴维·梅里尔.首要教学原理[M].盛群力,钟丽佳,等译.福州：福建教育出版社,2016:89.

表2.4　面向不同成分技能的差异教学策略[①]

成分技能名称	讲解一般信息	提问（记忆）一般信息	展示细节刻画	操练（应用）将一般信息用于细节刻画
	呈现新知	尝试练习	示证新知	应用新知
是什么	名称——一般信息	名称——一般信息	—	—
有什么	名称——一般信息	名称——一般信息	名称——位置	名称——位置
哪一类	定义	定义	正例和反例	对实例进行分类
如何做	步骤——序列	步骤——序列	示证任务	执行任务
发生了什么	用"如果……，那么……"的规则阐释条件与结果的关系	用"如果……，那么……"的规则阐释条件与结果的关系	示证过程	预测结果或找出条件

五星教学模式强调，成分技能和教学策略的匹配是非常重要的。在第二、三学段的阅读课中，经常涉及的是如何做（程序）和发生了什么（原理）的成分技能。如"如何概括主要内容"（案例见第五章）就是一个程序性成分技能，需要教师在呈现新知时告知步骤，并使用几个问题，向学生传达在概括时需要抓住六要素；然后让学生在课文中根据六要素问题尝试寻找；教师再对几位同学概括的经过进行细节刻画，通过对比，学生明白内容的概括需要根据主要人物抓关键词，这就是示证新知的过程。为了让学生学会真正地独立概括，教师选用同组课文中的其他几篇课文，让学生运用此方法操练。当然，由于概括主要内容的技能并非一次示证、应用就能掌握，教师在应用时再示证，再应用。在重复

[①] M.戴维·梅里尔.首要教学原理[M].盛群力，钟丽佳，等译.福州：福建教育出版社,2016:89.

训练的过程中，提高学生的独立概括能力，最终达成在无教师支持的情况下，完成独立概括。

从一般教学策略的层面来说，基本教学传递策略能够保证信息加工的有效性；建构教学传递策略反映了强调学习者主动性和协作性的教学理念，是当前颇为活跃并十分受重视的一类教学策略。

每个教学内容都由一定的知识和技能组成，而不同的知识技能对象需要采用相应的教学策略。因此，五星教学模式下的五个原理面对不同教学结果所采用的教学策略也是不同的。（后续章节将具体介绍）

（四）形成五星教学原理下的阅读教学模式

五星教学模式正是能帮助阅读教学走出困境的现代教学理论的集大成者。它不仅能很好地优化课堂教学结构的要素，而且直指学生阅读能力的培养。五星教学模式能真正改变阅读教学低效的局面，让阅读教学真正实现学生学习效果好、效率高和主动性强的结果。

五星教学原理的五个步骤是非常好的课堂框架，课堂焦点不停地在教师和学生之间转化，符合"学教并重"的课堂教学结构（见表2.5）。

表2.5　五星教学原理五个阶段中的教师学生参与情况

阶段	教师参与为主	学生参与为主
聚焦完整任务	√	
激活旧知		√

续表

阶段	教师参与为主	学生参与为主
示证新知	√	
尝试应用		√
融会贯通	√	√

课文归根到底只是一个例子，阅读教学则通过这个例子，让学生学会相关的能力，能独立解决现实生活中的问题。因此，课堂中一定要有围绕中心任务示证、尝试运用的时间，并且使学生在教师的反馈、指导中，不断地练习相关的能力。简单来说，就是像数学学科一样，有围绕教学重点的示证及应用环节。

但在传统的语文阅读教学模式中（见图2.5），不仅没有围绕某个中心任务的示证，更没有应用、巩固新知的环节。从传统阅读教学模式来看，教师仅仅将教学生课文作为教学目标，教学过程中更多的是"感悟"、师生的对话，虽然课堂容量满满，看似热闹，但对于学生而言，知识增长并不明显。

笔者基于五星教学原理，编制了阅读教学设计模式（见图2.6），从图中不难看出，教学以"聚焦完整任务"为宗旨，教学环节由"激活旧知—示证新知—应用新知—融会贯通"四个阶段构成。这里要补充的是，这个循环可以是一篇课文一课时进行，也可能是一篇课文两课时进行，或者是一个单元的教学任务进行，关键是看中心任务。

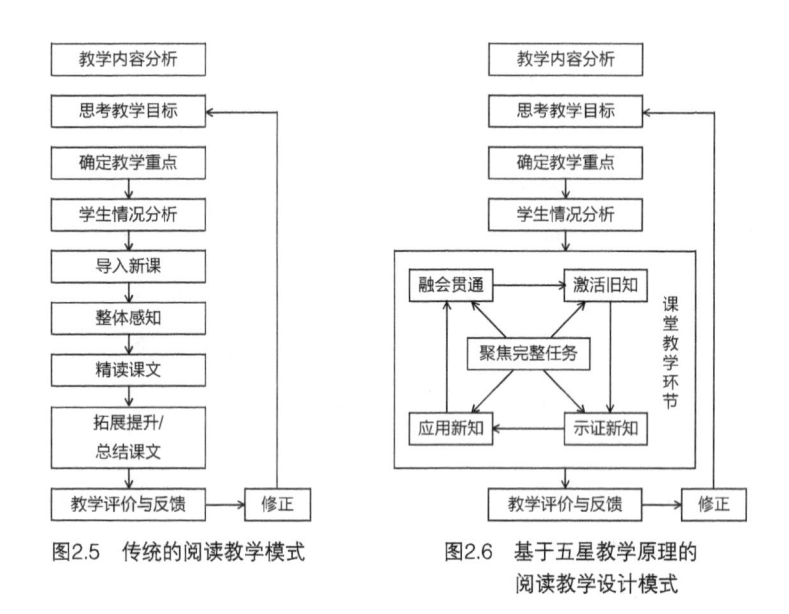

图2.5　传统的阅读教学模式

图2.6　基于五星教学原理的阅读教学设计模式

　　基于五星教学原理的阅读教学设计模式是提高学生阅读能力所必备的，也符合学生大脑接受信息的规律，能真正改变目前的阅读教学"教"过度而"学"不足的局面，让学生在中心任务的驱动下，在一节节课中，真真切切地开展学习，而不仅仅是一个倾听者。在基于五星教学原理下设计的阅读教学课，是贯彻"学"语文、"用"语文的课堂，只有这样的学习，才能提高学生的阅读能力，最终形成语文素养。

第三章 聚焦完整任务的阅读教学策略

教学包含教学内容（教什么）和教学策略（如何教）。但两者相比，"教什么"比"如何教"更为重要。五星教学原理与传统教学相比，更关注教学内容的设计，而且将教学内容的设计转向聚焦任务序列。教师从扶到放，使学习者在任务执行中或问题情境里掌握知识技能，在融会贯通的基础上实现学习迁移。可见，聚焦完整任务是五星教学原理的核心所在。

五星教学原理不仅指挥着激活旧知、示证新知、应用新知、融会贯通等原理的进行，而且最能让学生通过综合表现，体会学习成就的亮点。因此，笔者将在第四章具体阐述如何确定完整任务以及如何在课堂中呈现完整任务。

五星教学模式认为"聚焦完整任务"是首中之首，重中之重。学习者在学习新的技能时，往往需要在问题情境或任务情境中以此来解决以前未曾遇到过的新问题，才能够说他真正理解了知识和掌握了所学习的技能。类似于传统阅读教学中，平时只集中讲解某一个知识，到一单元结束或课程结束，让学生独立面对一个完整任务（阅读等），这显然不符合大脑对于知识的学习规律。聚焦完整任务是转变阅读教学低效的关键，也是提高阅读教学效率的重中之重。

同时，华东师范大学钟启泉教授认为："核心素养不是直接由教师教出来的，而是在问题情境中借助解决问题的实践经验，让学生自主培育起来的。"在教学中，让学生有更多的机会直接面对原生态的问题情境和文本本身，以学生初始的思维介入，并在这个过程中激发原有的智慧，应是学习的本意。

因此，运用五星教学模式改进阅读教学，能更好地培养学生的语文核心素养。

一、确定完整任务

语文学科一般情况下是跟着教材学习一篇篇课文，而且绝大多数阅读课的任务是弄懂课文的主要内容，会写几个生字，知道课文的中心，或者明白课文中的某一种表达方式。不仅每篇课文的学习内容相差无几，而且由于没有于生活中解决实际问题的中心任务，学生的学习兴趣、学习效率可想而知。梅里尔在五星教学原理中提出，当学习者介入到解决生活实际问题时，他的学习力的培养才能够得到真正的保障。

任务成了高效阅读教学的切入口和突破口，提炼有效的任务是能否运用好五星教学模式的关键，这与培养学生的语文核心素养异曲同工。

语文课程是以课文为中介，培养学生的表达能力、思维能力和情感态度的一种实践活动。因此，五星教学模式改进语文阅读教学的关键在于确立好中心任务。

那么，完整任务如何确定呢？

（一）着眼课程，与学生的实际生活结合

从学科地位和作用的角度看，语文学科具有工具性和人文性的特点。它是学生学习其他学科的基础，也将直接影响学生未来生活的质量。从学习过程和活动的角度看，语文学科又具有综合性、实践性、表现性等特点。能够运用语言来表达自己是学习语文的根本目标，阅读教学是学习并运用语言表达的主阵地。[1]语文学科的这些特点，与五星教学原理所指出的用于解决生活实际问题的教学任务不谋而合。

1.寓于需求，链接课堂与生活

任何知识的学习并非记住就可以了，而是应该能将知识应用于生活，因此，要最大限度地将所学的知识与学生的生活相联系。正如五星教学原理所提出的，当教学内容在联系现实世界问题的情境中被加以呈现，学习者介入到解决具有任务特点的生活实际问题时，学习便得到了最有效的促进。

这就需要教师将学生从课文学习中获得的某种技能与他们的实际生活结合起来，确定一个与学生现有生活相关的、运用该技能所能完成的任务。

正如一位教师在《藏戏》[2]一课时所呈现的中心任务：运用手机

---

[1] 邵巧治.转变阅读教学取向,培养学生学会阅读[J].内蒙古师范大学学报(教育科学版),2011,24(8):108-112.

[2] 本课例由杭州市西湖小学洪峰老师提供。此课文现在统编版语文教材六年级下册第一单元。

微信，将长长的课文压缩成140字左右的文字与朋友分享。紧接着，课件呈现：

> 学习任务：用简洁的文字把藏戏的主要特色介绍清楚。
> 小贴士：
> 1.全面而有侧重地介绍藏戏特色；
> 2.适当分行书写，便于他人阅读；
> 3.能力强的同学，尝试反问开头。

这一中心任务巧妙地将课文学习与现实生活结合。整堂课首先通过交流预习作业，一起了解藏戏的形成和特点；然后重点学习了戴面具这一藏戏特点，感受写作特点；接着呈现课文开头，学生学习开头的写作特点。如果课堂仅仅到这里，课文还是课文，知识还是知识，学生对藏戏的了解只是知晓，对文章的写作方法也只是知道。因为教师呈现的所有仅仅是以信息的方式存储在学生的脑海中。只有运用，才能说学生掌握了知识和技能。但是，"运用手机微信，将长长的课文压缩成140字左右的文字与朋友分享"这一中心任务，让学生成为创作者，运用学到的技能（全面而有侧重——详略得当；分行书写；反问开头）将藏戏的特色（信息）告诉别人，将枯燥的信息变成了运用技能的素材。

同样是《藏戏》这课，面对同样是六年级的学生，笔者认为十年前的教师是不会采用让学生以写微信的方式，把自己从课文中了解的藏戏的信息用学到的表达方式表述出来的。但对于现在六年级的学生而言，社交软件早已习以为常。教师这种把学习内容对接到学生现行生活的方式，大大提高了学生的学习积极性，在潜移默化中也让学生明白，微信的表达也是语言运用之一。

因此，在阅读教学中，教师可以充分利用生活微元素，如微博、微信、自荐信、海报等，确定一个学与用对接的中心任务，帮助学生最大限度地提高学习的效能。

2.关注表达，留心遣词与谋篇

学会如何表达，如何遣词造句、谋篇布局是语文阅读教学的教学重点。学生学习一篇篇文章，最终是为了在生活中具有独立运用文字、准确表达内心的能力。因此，在教学中，对于具有独特表达特点的文章，我们可就此确立中心任务，让学生以课文为桥梁学习表达，并在中心任务的带领下运用。

《再见了，亲人》是人教版五年级下册第四单元中的一篇精读课文。前3个自然段作者运用相似的写法，以志愿军对前来送别的朝鲜人民谈话的口气进行描述。首先用满含恳求意愿的祈使句开头，然后描述送别时回忆的那些令人难忘的事情，最后用反问句结尾。文章层次清晰，而且采用现实与回忆结合的表达方法，将中朝人民的深厚感情表达得淋漓尽致。在本课的教学中，笔者不仅希望学生发现并感受这种表达方式对于情感表达的作用，更希望学生能在自身生活中懂得迁移运用这种表达方法。因此，确定了这样的中心任务：课文是用什么表达方法，把中朝人民的深厚感情表达出来的？试着选择一个情境，运用这样的表达方法表达情感。

《临死前的严监生》是人教版五年级下册《人物描写一组》中的一篇小短文。[①]笔者确立的中心任务是：作者是通过什么方法

---

① 此课在统编版五年级下册五单元《人物描写一组》内，已更名为《两茎灯草》。

写出严监生这个人物吝啬的特点的呢？试着用合适的方法表达生活中某人的特点。这个问题看似简单，但是牵一发而动全身。学生独立根据表格填写，观察表格发现表达特点：作者只用了动作、神态描写。然后感受为什么此时作者对严监生的描写只有简单的动作和神态，从推敲严监生的表现感受严监生心情的变化。最后阅读临死前葛朗台的表现，感受两位作者对同被称作"吝啬鬼"的两个人物的描写的不同。简单的中心任务却引导学生体会到如何抓住特点，从而选择合适的表达方法。

阅读与表达相辅相成。正如歌德所说："内容人人看得见，含义只有有心人得知，而形式对于大多数人而言，是一个秘密。"对于第三学段的学生，教师的教学中要更多地关注形式，关注表达。在阅读课堂中，教师设置指向于学生表达的中心任务，一定能促进学生更好地习得知识且在生活中运用。

3. 注重交际，体现语文综合能力

向别人介绍、课本剧、相声等形式，正好把语文知识与活生生的生活实际结合起来，把语文综合能力与具体生活实践结合起来，学生在活动中学习，在实践中真正提高能力。因此，在一些适合表演、介绍的阅读课文中，我们可以设置改编成课本剧或排演课本剧、介绍相关知识这样的中心任务。

但需要指出的是，虽然三个学段的老师都用到表演的形式，但由于所处的学段不同，运用表演策略所达到的目标也是不同的。第一学段更多的是激发学生学习语文的兴趣，利用演一演，加强学生朗读。第二学段运用表演，要让学生读出不同的语气，联系上下文理解关键词的意思。第三学段则是需要学生根据课文改编剧本，这显然对学生的能力要求更高。

因此，教师在确定中心任务时，一定要对年段目标，甚至是单元目标做到心中有数。

统编版五年级下册第八单元有丰子恺的《手指》一文。文章运用幽默风趣的语言介绍了五个手指的特点和不足，读来很有兴味。本课的教学，笔者确定的中心任务是：抓住手指的特点，将《手指》改编成相声，演一演。

首先，笔者播放了春晚的群口相声《五官争功》的片段，让学生感受舞台表达、表演的艺术。然后话锋一转，聚焦课文学习。因为学习课文语言，充分理解课文内容是改编的基础。学生利用表格独自梳理课文内容，把每个手指的优势和不足进行罗列，然后通过课文的语言感受作者是如何表达手指的优势、不足的。接着，让学生自由选择自己感兴趣的一个手指，围绕着它的优势和不足模拟表演，同伴对其评价。课后，同学们自行成立剧组，将《手指》改编成群口相声，或独立创作五官等某一身体部位的相声。整堂课充满活力，学生的学、写、排、演，紧紧围绕着中心任务。

统编版五年级上册的《将相和》、下册的《草船借箭》等篇目，都是可以改编成课本剧的好课文。课本剧不仅能加深学生对课文的理解，变静态为动态，培养阅读兴趣，而且能让学生运用表演或改编将语言内化、展示，体会学语文、用语言的乐趣，同时也真正地让学生感受到语文的综合性。

（二）基于学情，与学生的学习兴趣结合

无论什么样的教学设计，若要让学生学有所获，提高教学的

价值，就需要站在学生的角度，设置学习任务，这样才能让学生拥有主动学习的心向。俗话说，学生在哪，教学就在哪。因此，教师在熟悉教学内容的时候，一定要了解学习者的情况，最大限度地将教学内容与学情结合。

1. 根据认知冲突处，确定任务

所谓认知冲突，指的是学习者原有的理解与现实情境不符合，在心理上产生矛盾。这种认知冲突，正是学生学习的出发点。在教学时，如果抓住这些认知冲突点确定任务，可谓成功了一半。

人教版五年级上册第六单元有一篇略读课文《学会看病》，主要讲了妈妈让生病的儿子独自上医院，学会了看病的事。按照常理，孩子生病时是最需要照顾的，但文中的妈妈却偏偏在"我"生病时用这种"残忍"的方式教"我"看病。其实，这是母亲为了锻炼儿子独自面对生活的能力。笔者紧紧抓住这一认知冲突，确定中心任务：如果你就是文中的那个生病的孩子，你喜欢这个妈妈吗？从文中找到依据说明理由。

学生们为了让自己的观点更充分，埋头阅读，寻找依据，然后展开交流。由于这篇课文中的"妈妈"与我们身边的大多数妈妈不同，而文中的"我"所面临的生病的感受，所有学生一定经历过。因此，这个中心任务的交流，已经远远超越课文，与学生的生活实际对接。当然，我们最终的结果并不是回答这个问题，而是在解决这个问题的过程中，感知自己在生活中面对类似情况的想法。

因此，碰到与学生生活认知有冲突的文章，就可以利用好这样的优势，让学生看似在讨论课文，实则在用课文对话自己的生活。在交流中,让学生对问题有了更深的认识。

2.围绕学生质疑点,明确任务

学生的质疑点就是学会新知识的生长点。我们要引导学生对学习中产生的疑问,进行积极主动的探索。作为教师,如果能将课文学习的重难点与学生的质疑点合二为一,构建中心任务,那毋庸置疑一定是学生兴趣所在。

人教版五年级上册三单元有一篇略读课文《假如没有灰尘》。笔者通过课前预习单,了解到90%的学生看到题目都很迷茫,觉得没灰尘不是挺好的一件事吗?《假如没有灰尘》一课能写出点什么呢?于是教学时,笔者将课文中描述的灰尘特点和学生的质疑点结合:通过表格梳理灰尘的特点,并向家长或低年级的同学介绍假如没有灰尘的后果。

安排这样的完整任务,完全基于学生的质疑点。此完整任务的达成,除了能解决学生自身的疑惑,也为学生创设运用语文,提高自身表达、交流能力的时机,这样的学习能不吸引学生吗?

(三)把握核心,与学生的终身发展结合

语文是和学生终身幸福关系密切的一门学科。在校园教学中,会阅读、会表达、会思考几项核心技能又主要通过阅读课堂传授。因此,教师要放远眼光,在一篇篇课文的教学中,寻找相关技能,让学生在完成一个个任务的同时,提升语文素养。

1.发展思维——设计开放性问题

发展学生思维,特别是培养学生的高阶思维能力,已被视为语文核心目标之一。本杰明·布鲁姆将认知领域的教育目标从低级

到高级分为知识、领会、运用、分析、综合、评价六个层次，形成从低级思维到高级思维的六级梯度，通常把后三类称为高级思维能力。课堂中的提问如果只是指向低级思维能力的一问一答，久而久之，将使学生对语文学习失去兴趣，而且也会阻碍学生的思维发展。特别是面对第三学段的学生，他们已经是很有思想的少年，如果问题琐碎和简单，学生一定不屑一顾。而且，从阅读能力结构和层次分析，第三学段的阅读能力为概括、理解、评鉴等高级能力。

因此，一个能促进学生高阶思维能力发展的中心问题，也是确定课程学习中心任务的根据之一。在课堂学习中，学生为了解决此中心问题（指向高阶思维能力培养），需要综合性地运用语文，独立思考。

统编版语文教材五年级上册第六单元的《"精彩极了"和"糟糕透了"》一文，主要描写父母亲对作者童年时的一首诗呈现截然不同的评价，这两种评价对他产生的巨大影响，以及作者透过两种表达方式感受到的爱。因此，这篇课文的教学中，笔者设置的中心任务为：面对同一文章，妈妈说"精彩极了"，爸爸说"糟糕透了"，你觉得谁的评价更准确？

这是一个基于比较的培养高阶思维能力的问题，需要学生到文中寻找信息，通过理由圈（见图3.1）的填写，梳理、证明自己的观点，还需要学生联系生活实际分析。在阅读中，常运用这样的理由圈激发思考，不仅可以帮助学生深入理解课文，而且有助于学生形成辩证思维品质，更重要的是有助于学生建立科学的思维方法。这样的思维，一定会对学生的终生发展产生不可估量的影响。

图3.1 《"精彩极了"和"糟糕透了"》理由圈

以发展学生高阶思维能力而确定的中心任务，使得学生的课堂学习绝对不是在回答一个个只跟课文有关的问题，而是在一次次与作者、与文本的撞击中发展思维，对生活有更新、更深的认识。当然，我们的中心任务可以像《"精彩极了"和"糟糕透了"》一样，借助思维导图呈现。

2.学会阅读——依文体特点展开

阅读课仅仅是教课文吗？显然不是！学会学习才是教学的终极目标。语文阅读课不仅是教会学生读懂课文，更重要的是培养学生的表达能力、陶冶学生的情操，教会学生阅读，为学生的终身发展服务。特别是学会阅读，它是学会学习的首要环节，帮助学生学会阅读应是语文阅读教学中的一项重要任务。尤其是到了第三学段，学生已有一定的语文能力，而且正处在价值观的形成期，语文课不能简单地停留在生字新词、内容等教学上，需要借助文本培养使学生终身受益的语文能力。

《义务教育语文课程标准（2022年版）》在第三学段，对文体教学有更明晰的要求：阅读叙事性作品，了解事件梗概，能简单描述印象最深的场景、人物、细节，说出自己的喜欢、憎恶、崇敬、向往、同情等感受；阅读诗歌，大体把握诗意，想象诗歌描述的情境，体会诗人的情感。受到优秀作品的感染和激励，向往和追求美好的理想；阅读说明性文章，能抓住重点，了解诗文的基本说明方法。①

让学生学会阅读不是靠阅读一篇文章就能学会的，需要在大量的阅读中形成。但现今不管哪本教材，阅读材料容量显然有限，对于培养学生的阅读能力都是远远不够的。因此，在教学时，需要以课文为例子，设计一个聚焦于文体阅读的中心任务。

同时，我们的教学只有着眼于学生未来的生活，才是有效益的。学会阅读永远是阅读课的终极目标之一。让学生学会阅读，能通过一篇课文的学习，阅读这一类文体的文章，这样的阅读课才是真正为学生服务的。以下简单举例指向于小说、说明文、记叙文文体阅读的中心任务。

人教版语文教材五年级下册的课文《刷子李》②，选自冯骥才小说集《俗世奇人》。《俗世奇人》多以清末民初天津码头的市井生活为背景，写的是当时天津码头的奇人异事，刷子李就是其中一个。在教学中，教师根据小说文体的特点——一波三折确定教学任务：聚焦白点，让学生运用折线图，画出徒弟曹小三的内心感受，感受小说的一波三折，然后拓展阅读《俗世奇人》中的《泥人张》一文，让学生依据小说情节一波三折的特点推测《泥人张》的结尾。

人教版语文教材五年级上册三单元《鲸》是一篇说明文。这是一篇常识性说明文，作者运用列数字、举例子、作比较、打比方等多种说明方法，介绍了鲸的体型、进化过程等知识。笔者根据

---

① 义务教育语文课程标准：2022 年版 [S]. 北京：北京师范大学出版社，2022：12.
② 目前，《刷子李》在统编版五年级下册 14 课。

说明文的特点，确定完整任务：运用说明方法、抓住要点的方法，介绍鲸家族的某种鲸。可见，不仅仅是为了了解课文所描写的内容，更是为了了解怎样可以更好地阅读说明文及学着抓住要点和说明方法介绍其他动物等。

统编版语文教材六年级上册的记叙文《开国大典》，记叙了1949年10月1日首都北京举行开国大典的盛况，全文按照大典进行的顺序展开。笔者就抓住了按事情发展顺序这一特点，设计完整任务：按照时间词梳理这一历史事件，如何运用场面描写凸显"典礼"，并尝试写写身边的某个场面。

以上几个课例，展示了关注培养学生阅读能力的阅读课如何基于文体特点确定中心任务。首先围绕课文，将课文作为学习该文体的特点教学的范例，引导学生学习，感知该文体的特点；然后尝试运用该文体特点，独立阅读类似文章或运用该文体的方法学以致用，介绍其他的物品。这样"一篇带一类"的方法，可以把教材内外的阅读沟通起来，互为补充，提高学生的阅读能力。由此可见，确定中心任务要跳出单一的一篇文章，指向于一类文章的阅读，或者读写结合，读用结合，向生活靠拢，真正为学生的未来生活服务。

3.情感熏陶——抓文章"两眼"教学

《义务教育语文课程标准（2022年版）》明确指出："强调内容的典范性，精选文质兼美的作品，重视对学生思想情感的熏陶感染作用，重视价值取向。"[1]语文课程承载着情感熏陶作用。因此，

---

[1] 义务教育语文课程标准：2022年版[S]. 北京：北京师范大学出版社，2022:3.

在确定完整任务时，不仅要关注文体特点，还需要抓住"文眼"或"情眼"，从情感熏陶的角度确立完整任务。

人教版语文教材五年级下册第四单元的《梦想的力量》一课，便可抓住"文眼"——"梦想的力量"确立中心任务：为挖一口井挣 70 元，他的梦想实现了吗？什么力量推动瑞恩实现梦想？说说自己的一次梦想。在教学时，笔者紧紧围绕"文眼"，借助填写学习单、合作小组学习、补充资料等方式，一个梦想因为有了执着、善良，不仅被实现了，而且还在扩大与延续。学生们在探究瑞恩梦想的同时，内心一定也被深深触动了。

人教版语文教材六年级上册第二单元的《怀念母亲》一课，抓住的是"情眼"，确定中心任务。文章首尾都提到了"对这两个母亲怀着同样崇高的敬意和同样真挚的爱慕"。因此，教学的完整任务是，围绕着"恨—糊—哭—寻"，探寻季羡林老先生的怀念母亲之路，感受一代文学巨匠内心的细腻。

由于语文学科的特殊性，在安排时一定要从课程与学生生活、学生学情、学生终身发展几个角度思考，找准中心任务。

二、呈现完整任务的基本策略

完整任务的确定是开展教学的起点和终点，不仅决定教学环节的制定，更决定教学效果。不管是一节课、一个单元，还是一门课程，所有教学任务的设计核心都应是聚焦完整任务的。简而言之，内容是载体，任务则是宗旨。

梅里尔在五星教学原理中提到，聚焦完整任务原理包括交代学习任务、训练完整任务、形成任务序列。聚焦完整任务原理是为了促进学生更好地内化，帮助学生主动参与到聚焦任务的教学策略中。在教学中，要运用聚焦完整任务的原理，也就是说，教师在教学前就要清楚自己教什么，怎么教，教后如何检查学生的学习效果。同时学生也要在教学伊始明确学习任务。

完整任务的呈现主要有课前导学信告知、课内语言告知、展示完整成果三种。

（一）借导学信，交代学习任务

具有第二、三学段特点的呈现中心任务的方式——导学信。人教版小学语文教材以专题组织教材，根据年段学习目标和儿童认知特点，精心构建单元导学系统，突出语文工具性特点，便于师生发现语文学习规律，形成导学特色，弥补了之前教材过于注重人文性的特点。因此，有些单元可以以单元为单位确定中心任务。在进行单元教学前，教师将撰写好的导学信通过电子文档或纸质文本告知学生，学生进行单元预习时阅读。

比如，在进行人教版五年级下册第一单元教学前，笔者给学生写了一封单元导学信。在这种单元导读形式中，学生读信时，可以在"单元导学"边上做记号。这种充分调动学生听觉、视觉等多种感官的方式能进一步对中心任务加深印象。事实证明，这节导学课达到了预期目标，学生能够概括出这个单元的主要学习内容——关注表现手法和书信的书写。到了课堂交流环节，学生表达自己阅读单元导学信后的感受："这个单元由《草原》《丝绸之路》《白杨》《把铁路修到拉萨去》组成，虽然内容不一样，但表现的主题都是西部，我想看看作者都是怎样表达的？（关注于表

新阅读与习作：五星教学模式下的新体验

现手法）""我发现这个单元的习作有点难，我没有远方的朋友。看来要写封信，我得赶快请父母帮忙找找，否则到时我可就麻烦了。"

【案例】

第十册第一单元单元导学信

亲爱的同学们：

　　西部大开发的号角已经吹响，在建设者辛勤汗水的浇灌下，西部又焕发出勃勃生机！让我们随着课文，走进西部，去亲近这片充满希望的土地！

　　老舍的《草原》字里行间漫润着浓郁的草原风情：那一碧千里的草原风光，那马上迎客、把酒言欢、依依话别的动人情景，那纯朴、热情、好客的蒙古族同胞，都令人难以忘怀。

　　祖国的西部有美丽的自然风光，还有灿烂的历史文化。著名的丝绸之路，就是其中光辉的一页。读读《丝绸之路》这篇课文，想想课文讲了哪些内容，你从中体会到什么？有条件的，可以搜集有关丝绸之路的故事和同学交流。

　　袁鹰的《白杨》写的是在通往新疆的火车上，一位父亲和两个孩子望着车窗外的白杨展开讨论的事。"在一棵高大的白杨树身边，几棵小树正迎着风沙成长起来。"你能理解其中的深刻含义吗？

　　默读通讯《把铁路修到拉萨去》，说说青藏铁路是怎样的铁路，修建过程中遇到了哪些困难，是怎样克服的。有条件的，可以搜集有关西部大开发的资料，把知道的讲给同学听。

　　阅读本组课文，我们不仅要把握主要内容，体会优美的语言和含义深刻的句子，还要学着用书信的方式给远方的小朋友写信。

　　……

在单元导学环节，我们旨在把教材预期的学习结果转化成中心任务，让学生在学习前明晰学习结果：把握主要内容，体会优美的语言和含义深刻的句子，还要学着用书信的方式给远方的小朋友写信。这样也便于促进学生积极回顾总结原有知识结构，对学习策略做相应调整，为新信息的选择和已有经验的提取做好铺垫，成为一个既有主动心向，又有主动行为的学习者。当然，有时也可直接借助教材中的单元导语、阅读连接语，明确中心任务。

(二)直接告知，交代学习任务

心理学研究认为，学习者在一开始知道自己要学什么，学习过程中会有什么麻烦，学习之后会有什么成果，便会有心理预期，并决定是否努力或投入多少精力。所以在聚焦完整任务策略时的"交代学习任务"，是件必不可少的事情。因为学习活动的丰富性和多样性不及学习针对性重要，学习的针对性将直接影响学习效果和学习进程。[1]

教师往往使用口头告知的方式直接呈现中心任务，虽然交代学习任务只是那么几句话而已，但并非是可以省略的。

比如《藏戏》这课就是利用语言加课件同时告知的方式，把任务告诉学生；《刷子李》《鲸》等文体鲜明的课文，在课的一开始，笔者就用语言告知学生，学习如何阅读小说、说明文。

简单明了的直接告知，不仅让学生知道这节课或几节课要到哪里去，最终要完成什么任务，而且能减轻学生的认知负担，在单位时间不变的情况下，把更多的时间投入到应用新知等环节中。

(三)展示成果，交代学习任务

大家一定记得，手工课前，老师会展示作品，学生往往一阵惊叹，之后虽然制作过程枯燥，但也步步紧随。反之，如果仅仅告诉学生，这节课做什么，而没有成型的作品展示，其学习的动

---

[1] 盛群力,宋洵.走近五星教学[M].济南：山东教育出版社,2010:55.

力便会大打折扣。阅读课的学习也一样,在教学一开始,教师向学生展示学习后可以达成的完整任务,使用这种具体、形象的成果展示交代学习任务,会起到事半功倍的效果。

如在教学"如何概括主要内容"前,提供将一篇 800 字文章概括为 100 字的主要内容,并且告诉学生:"学会概括主要内容的方法,可以用最简洁的语言将文章或事件的精髓呈现出来,让听者在短时间内知道你想表达什么。"概括主要内容的学习是"哪一类"和"如何做"成分技能的组合,比较枯燥,也是第三学段的重难点。如果仅仅是告知学生"要学习把一篇文章概括为三句话的主要内容",学生的脑海里依然对学习内容不了解,因为没有对最终要学什么做到了然于心,就不能最大限度地唤醒学习的好奇心和求知欲。但经过笔者之前的成果展示,学生不仅对即将要学的内容做到了心中有数,而且因为明白了学习内容与自己生活的联系,会更有兴趣与学习动力。

又如,在教学《手指》一课时,笔者设置了中心任务:抓住手指的特点,将《手指》改编成相声,演一演。为了让学生对这一中心任务有了解,播放春晚的群口相声《五官争功》的片段。这种聚焦完整任务的呈现效果非常好,不仅让学生感受到了舞台表达、表演的艺术,而且大大激发了他们把课文《手指》改编成相声的动力。由于学生明确了本节课的学习任务,无论在示证环节还是应用环节,学生的积极性都前所未有的高涨。

教师向学生提供真实、具体、完整的任务,可以使学生对即将要进行的学习充满心理期待,更有利于唤起学生的学习兴趣。

在前几章,笔者提到过梅里尔认为的四种教学策略的效能等级是不同的,其中最重要的增强教学效能的策略是完整任务。因为激活旧知等四项原理是紧紧围绕着完整任务开展的,并决定着最终的教学效果。因此,虽然课堂中这一环节的呈现时间很短,但完整任务仍是重中之重,它不仅仅呈现为课堂中对学习任务的交代,还包括训练完整任务、形成任务序列。

第四章　改进课堂阅读教学的基本策略（上）

五星教学模式与其他几种模式不同，它不仅关注教学过程，更关注学习过程（即学程）。梅里尔指出，五星教学模式中包括激活旧知等原理，但它们只是表层的循环圈，还应包括由结构—指导—辅导—反思—结构构成的深层的循环圈。① 目前还没有基于五星教学模式的阅读教学策略，笔者试着围绕五星教学模式的基本框架，以人教版第三学段教材为载体，谈谈五星教学原理各部分在第三学段阅读教学中的具体策略。

一、激活旧知原理的四大阅读教学策略

实施教学过程的关键一步是激活旧知，也就是传统教学活动中的导入阶段。这个环节设计得好，可以有效地吸引学生注意力，激发学生的学习兴趣，使他们明确学习目标，把握学习重点，更有助于他们在形成良好的学习动机和知识习得间构建联系。

帮助学生顺利过渡到学习新知识的心理结构中，是激活旧知

---

① 盛群力.五星教学模式对课程教学改革的启示[J].教育发展研究,2007(12):33-35.

的主要功能。因为任何新知识的学习，都是建立在旧知识基础上的知识重组。所要讲明的是，并非所有的复习都是激活旧知，只有为了学习新知而进行的复习才是。与新知学习有关的旧知可能是上一节课刚学的，也可能是上周或者上月，乃至很久之前学的。而且，"激活"不是"回忆"，旧知如果是残缺不全的，还得进行补救，所以激活有时又是查漏补缺。在教学伊始，铺垫相关旧知可以确保在新知的教学中，学生没有障碍。在教学中我们不难发现，有时学生因为之前的基础不扎实，在学习新知识时难以顺利同化。在这种情况下，学生往往采用死记硬背的方式进行新知识的学习，加重了学习负担。

因此，在正式学习新知之前，教师可以利用结构化框架，帮助学生明晰知识结构或回忆原有经验，使学生有效激活旧知，确保新旧知识间能建立联系。阅读课中的激活旧知，不仅仅是知识的激活，更需要激活学生的相关情感，这也是语文学科不同于其他学科的特性。

（一）预习激活——以旧先导，寻找挂钩

那么，教师应如何选择引导材料、以何种形式激活旧知，加强新旧知识联系呢？特别是对于已有一定学习能力和学习基础的第三学段的学生，课前预习不可少。

课前预习是教师在讲授新课前，学生独立阅读新课内容，做到初步了解新课，为学习新知识做好准备工作。著名教育专家杨再隋教授曾说过："在学习新知前，让学生利用一些学习资源进行适当的预习以建立旧知与新知之间的联系是非常有必要的。"

那么如何更好地带领他们进行课前预习？教师要结合文本、依据课程标准精心分解具体的学习目标、精心设计预习要求和预习题目，选择多样的预习形式，循序渐进，进而让学生达成良好的自学效果。

以旧先导就是以旧知识作为桥梁，让学生在旧知学习的基础上增加知识坡度，降低学生的学习难度。因为新知识的理解和掌握依赖于学生对旧知识的理解、运用的程度，所以教师要掌握好新旧知识间的连接点，引导学生善用旧知识，降低对新知识的学习难度。以人教版语文教材六年级上册的《伯牙绝弦》一课为例，笔者在助学单（见表4.1）中以"我们还学过哪些文言文？我还记得学习文言文有这些方法"为题，让学生回顾旧知，尤其是学法。

表4.1 《伯牙绝弦》助学单

课文朗读	我认为难读的字： 读通顺☆☆☆ 读出韵味☆☆☆
学习准备 （自选）	1.我知道和这篇文章相关的信息。 2.我们还学过哪些文言文？我还记得学习文言文有这些方法。
预习思考 （参考习题）	我知道这些句子的意思。 1.方鼓琴而志在太山，锤子期曰："善哉乎鼓琴，巍巍乎若太山。" 2.伯牙破琴绝弦，终身不复鼓琴，以为世无足复为鼓琴者。 学有余力者可以用自己的话说说这个故事。

当然，预习时提供的助学单和课堂学习密切相关。依然以《伯牙绝弦》一课为例：

【案例】六年级上册《伯牙绝弦》导入部分

·读准课题

师：今天我们要学习的是一篇和音乐有关的课文，说的是发

生在2000多年前春秋时期的一个故事。谁来读课文的题目？（教师板书：伯牙绝弦）

·**点明文体，回忆学习方法**

师：同学们昨天已经预习过课文了，你们有没有注意到这篇课文是什么文体？

生：古文（文言文）。

师：五年级的时候我们也学过一篇同样文体的课文《杨氏之子》，所以我们今天不是第一次接触文言文，谁能说说学习文言文有哪些经验。

生：第一看插图，第二读注释，第三要联系上下文、借助工具书、反复读等。

在这一教学环节中我们看到，教师以"五年级的时候我们也学过一篇同样文体的课文《杨氏之子》，所以我们今天不是第一次接触文言文，谁能说说学习文言文有哪些经验"为引，不仅有效地唤起了学生已有的体验，还在师生互动的基础上，言简意赅地告知了学生本节课的学习方式：通过看注释、多次诵读理解课文。其实，教学环节中"揭示课题，回忆方法"就是学生在助学单中的"学习准备"时独立思考过的。所有的学习都可以归纳成这样一种行为——将新的信息与现有的知识联系起来。在教学活动一开始，让学习者彼此分享相关的经验，这是提供激活体验的一种良方。[①]讲述的同学在分享的同时，激活先前获得的心智模式，聆听的同学也得到了间接体验。

---

① M.戴维·梅里尔.首要教学原理[M].盛群力,钟丽佳,等译.福州：福建教育出版社,2016:186.

语文教材中包含丰富的知识，同时在学习难度上有了一定的提升。预习正好可以帮助学生对学习内容做好准备，使课堂学习更有效。为了让预习更有启发性，设计的问题除了要有可操作性，还要有启发性。到了第三学段，教师一般可以采用这样的四个步骤由浅入深地设计预习题：概括文章主要内容—了解有关课文或作者的背景信息—思考课后习题或阅读链接题目—初读感受。当然对具体的课文，预习题可以进行适度调整。

预习并非随便布置，需要根据教学内容有选择性地布置，而且形式也并非一层不变。对于第二、三学段的学生，教师往往会设计一些助学单，让所有学生在新知学习前预习时完成，课堂中进行交流补救。基于学段特点和课文特色，一般会安排这样的前置性助学单（见图4.1）。

收集素材：如教学人教版五年级上册的《古诗词三首》（《泊船瓜洲》《秋思》《长相思》）前，布置学生收集思乡的诗词。背景资料查阅：如教学统编版六年级上册的《开国大典》前布置学生查找中华人民共和国诞生前的相关资料，并自己绘出相关画面或贴一张相关照片。欣赏视频：如教学人教版六年级下册的《手指》一课前，请学生提前观看群口相声《五官争功》的视频。阅读著作或观看视频：如教学统编版五年级下册的《草船借箭》前一个月（或更早），布置学生阅读《三国演义》。概括主要内容：如教学统编版五年级下册的《景阳冈》前让学生用四格漫画概括事件。梳理脉络：如教学人教版五年级下册的《彩色的非洲》一课前，让学生利用思维导图梳理文章从哪些方面写了"彩色"的非洲。

第四章 改进课堂阅读教学的基本策略(上)

开国大典

关于中华人民共和国诞生前,我了解了这些资料:

_____
_____
_____
_____
_____
_____

(贴相关照片或绘出相关场景)

景阳冈

默读课文,把故事用四格漫画的方式画下来。

彩色的非洲

1.在正确的读音后,打"√"。

炽(zhì chì)热　　　　　　天穹(gōng qióng)

西瓜瓤(ráng náng)　　　　殷(yān yīn)红

2.课文围绕着彩色的非洲,写了哪些方面?试着用思维导图画画。

彩色的非洲

图4.1　第三学段阅读前置性助学单(部分)

新旧知识的联系是学习新知的基础，也是构建阅读理解策略的关键之一。总之，教师应找准学生的能力点、瞄准学生的兴趣点，设置有针对性的助学单，切实使学生在课文学习前，通过助学单激活相关旧知。

（二）媒体激活——以新先导，便于理解

激活旧知也包括提供新的经验，补救或补充学习新知识也需要新的经验。以新先导指的是以学生未知或不清楚的知识为触点，在教学中运用一定的方式，帮助学生补救或补充学习相关的新知识，便于学生更好地学习新知。

到了第三学段，学生接触到的课文内容越来越丰富，其中不乏一部分与学生的生活有些距离的课文。如果让学生在课前搜集资料，学生很难搜集到与课文相符的资料，教师用语言描述效果也不佳。面对这样的教学内容，教师应借助多媒体的优势，在课前导入时，以生动活泼的视频或图片的形式为学生提供新的经验，充分调动学生的视听感觉，抓住学生的注意力，以便学生更好地理解课文。

人教版五年级下册第八单元的《彩色的非洲》是一篇描写非洲独特风情的文章。文章描写了非洲自然景观、日常生活、艺术等的多姿多彩。课前调查时，由于没有相应的生活经验，学生对于"非洲的艺术也是彩色的"这一段，理解起来比较困难，因此在课前导入时应有针对性地播放一段非洲的舞蹈视频，让学生对非洲艺术的彩色有直观的认识，在教学"艺术彩色"这一段时，学生便容易理解。

语文教材几乎每篇课文都有精彩的插图。这些图片，往往是课文的主要情节或人物肖像的画。它们可以帮助学生更形象地理解课文，将抽象的文字变得更有真实感和说服力，给学生留下深刻的印象。人教版语文教材五年级上册第四单元的《珍珠鸟》一课，主要讲了珍珠鸟和"我"之间从陌生到默契的变化过程。对于珍珠鸟，学生比较陌生，上课伊始，教师展示一张珍珠鸟的图片，让学生观察，无需过多的语言，一看图片学生便对珍珠鸟有了了解。

【案例】五年级上册《珍珠鸟》的导入部分：

1.借助图片，认识珍珠鸟。

师：（出示课题）我们一起读读课题。猜猜珍珠鸟是怎样的？

生：珍珠鸟应该是很漂亮的，一身雪白的羽毛。

师：你是怎么知道的？

生：因为珍珠就是很漂亮、雪白的。

师：你抓住了它名字的特点。还有谁想猜？

生：我觉得珍珠鸟应该是身上有个地方长得像珍珠一样。

师：不为难大家了，我们来看看它吧！
（展示珍珠鸟的图片）

师：这就是珍珠鸟。

学生恍然大悟。七嘴八舌地说着鸟背上看着像珍珠的小圆点。

师：文中有一句话介绍了珍珠鸟。我们一起读读。

（出示句子：红嘴红脚，灰蓝色的毛，只是后背还没有生出珍珠似的白点。它好肥,整个身子好像一个蓬松的球儿。)

师:能在图片中,找到"眼睑、眸子"吗?

(三)语言激活——链接生活,激发学习

  语文是一门人文性很强的学科,无论哪篇文章都包含着一定的情感。同时,学生是社会生活中的一分子,并非一张白纸,尤其是第三学段的学生,他们走入课堂学习,有着一定的经验、思考。因此,语文学科更关注对接学生生活。语言激活旧知是语文学科激活旧知所特有的策略。它可以在学生已有的体验和课文学习间架起桥梁,更好地激活学生的思维,激发学生的学习激情。语言激活包括谈话、讲述背景。

  【案例】五年级上册《假如没有灰尘》的导入部分:

  师:(板书:灰尘)同学们,你们喜欢灰尘吗?

  生1:不喜欢。从小爸爸妈妈就让我饭前洗手,说病从口入。

  生2:不喜欢,我们每天都会擦桌子,拖地。看到灰尘,我们就要把它弄干净。

  生3:不喜欢。在环卫工人扫地,或者洒水车开过时,灰尘都会扬起来。我们必须捂住口鼻快速离开。

  师:是的,在人们眼中,灰尘散落在窗台、桌面,污染环境;漂浮在空中,传染疾病。没有谁会喜欢灰尘,可以说灰尘是污染环境、传播病菌、危害人类健康的"罪犯",人人厌弃。那你们是否想过如果没有灰尘世界会怎样?今天我们就来学习这篇课文。(板书:假如没有灰尘)

  上述教学案例中,笔者从学生日常对灰尘的认识入手,让学

生说说对灰尘的喜恶,回答呈现一边倒,因为在他们的生活中,从小就被教育要讲卫生。然后教师提出"那你们是否想过如果没有灰尘世界会怎样?"这一问题。也正因为教师在学习课文前,巧妙地运用谈话激活了学生日常生活中关于灰尘的一些小片段,更激发了学生对于"假如没有灰尘"的深度思考,为学生主动、深入地参与课文学习奠定基础。

  语言激活策略除了谈话导入,还有讲述背景。第三学段有不少课文讲述的是革命题材的事情,为了更好地读懂课文,教师需要提供一定的背景知识。背景知识的提供往往是呈现背景材料,用教师读、学生读(包括默读)的方式进行。如统编版语文教材五年级下册第四单元的《青山处处埋忠骨》一课,学生的生活经验和文本有一定的距离。因此,笔者在教学时需引入朝鲜战争的背景、毛岸英的资料等,缩短学生与文本的距离,化解本课难点——感受毛主席超人的胸怀和崇高的精神境界。因此,在上课伊始教师讲述了背景资料:

  8岁时,由于母亲杨开慧被捕入狱,毛岸英也被关进牢房。母亲牺牲后,他和弟弟被安排来到了上海。由于地下党组织遭到破坏,毛岸英和弟弟流落街头。他当过学徒,捡过破烂,卖过报纸,推过人力车。1936年,他和弟弟被安排到苏联学习,参加了苏联卫国战争,曾冒着枪林弹雨,转战欧洲战场。1946年,毛岸英回到延安,遵照毛泽东"补上劳动大学这一课"的要求,在解放区搞过土改,做过宣传工作,当过秘书。1950年,抗美援朝战争爆发,新婚不久的岸英主动请求入朝参战。1950年11月25日,年仅29岁的毛岸英壮烈牺牲了。他也是毛泽东一家为了中国人民的革命事业献出生命的第六位亲人。

正因为有了导入部分，在课中请学生交流"毛主席得知爱子牺牲后，有什么样的表现？请你默读课文，画出有关句子，并把感受写在旁边"时，学生写道："毛岸英作为毛主席的儿子，从小生活就艰苦，在父亲身边并没有多长时间，想到这一切，毛主席觉得愧对儿子。""毛岸英是主席家里第六个为革命牺牲的亲人了。""毛岸英还这么年轻，而毛主席已近60岁，失去了最心爱的大儿子。"……从学生的发言中，笔者感觉到了补充相关的背景资料后，学生更能理解毛主席当时剜心刺骨的痛。

（四）活动激活——研究先行，有备而来

这里的活动主要指教师向学生讲授新课内容之前，让学生先根据自己的知识水平和生活经验所进行的尝试性、自主性学习。学生学习不能仅限于课堂，学习前的"未雨绸缪"，学习后的"意犹未尽"，都应是学习的一部分。以学定教就是活动激活最好的诠释。特别是对于比较困难的学习任务，通过前置活动的开展，让学生课前先学起来，让学生有备而来。这样，由于学生有了相关知识储备，对课堂新知才更能内化、建构，能大大提高课堂教学效果。

人教版语文教材六年级上册第五单元是以"初识鲁迅"为专题来进行编排的。用一个单元的课文来认识、了解一个人物，这在新课程教材编排中也是首次出现的。第三学段的学生虽然已有一定的阅读基础，但由于时代不同，学生对于鲁迅比较陌生。因此在学习这个单元课文前，笔者安排学生开展"走近鲁迅"的活动，

以小组为单位，围绕小主题开展研究。如有关鲁迅的名言（内容+自己的理解感悟）、鲁迅的作品（按照时间顺序梳理作品，并大致介绍作品）、鲁迅生平简介（展示不同时期鲁迅的成长经历）、别人眼中的鲁迅（评价鲁迅的故事、名人名言）、诗歌朗诵（赞颂鲁迅的诗歌）等。研究成果的展现，并不是统一进行的。如对于鲁迅生平简介的分享，放在单元学习之前统一进行；鲁迅的作品分享放在《少年闰土》《好的故事》进行；别人眼中的鲁迅分享放在《我的伯父鲁迅先生》一课进行；《有的人》一课后，将进行诗歌朗诵分享；有关鲁迅的名言的分享则是结合语文园地中的"日积月累"进行。

活动激活这一策略，让学生在课文学习前储备一定的相关知识，不仅能拉近学生与课文的距离，而且能更好地帮助学生深入了解鲁迅文学创作特色和人物品质特点，从而使鲁迅这一人物形象在学生心目中留下深刻的烙印，也让这一人物形象更真实、丰满。

梅里尔在五星教学原理中提到，为了更好地促进学习者学习，需要引导学习者回忆、描述或展示相关的先知和技巧。因此，帮助学生激活学习新知的相关旧知，形成支持掌握有用的新知识的知识结构，成了教学时至关重要的事情。在新知学习前，教师要努力创设与文本学习相适应的情境，调动学生情感，以便学生更好地理解新知。如用媒体激活、语言激活、活动激活、预习激活等策略，最大限度地引导学生回忆原有经验、提供新的经验、明晰知识结构。我们把学生当成学习的主体就要尽可能调动学生关于新知识的已有知识，使学生更好地进行意义建构。

二、示证新知原理的六大阅读教学策略

示证新知是实施教学活动的关键环节。波纹环状教学开发模式提出，确定一个完整的真实任务和该任务的一个样例是第一步。可当前的阅读教学没有提供有效的示证新知和应用新知，可以称之为"讲—问教学"，这样的教学连一颗星都得不到。示证新知是对整个任务或者部分任务提供一个以上的样例，帮助学习者构建心理图式，因为我们从第一章的教学策略的效能层级图中就知道仅靠呈现信息或记忆信息是很难让学习者掌握知识的。[1]

梅里尔在五星教学原理中提到，在示证新知原理时，为了促进学习者更好地学习，教师应当向学习者示证那些需要学习的技能。示证新知有四个主要标准：紧扣目标施教、提供学习指导、善用媒体促进、开展同伴讨论。梅里尔后来在对五星教学模式的研究中，又增加了对概括化技能的研究。概括化技能指的是能运用于两种以上的具体情境的技能。信息呈现和细节刻画是概括化技能的两种印证方式。五星教学模式较难运用于情感性目标渗透较强的语文等科目，主要原因是示证新知环节的开展较难。

讲解和展示是示证新知常用的方式。讲解用于呈现一般的信息，告知学生是什么、说明定义，示范程序所包括的步骤或者展现某个过程中所发生的事件。展示用于演示某个具体的事例来加以说明，例如某个概念的实例，示范某个程序或者形象展示某个过程的演进。[2]就语文阅读课而言，一般有讲解示范、微课示范、问题导

---

[1] 盛群力, 宋洵. 走近五星教学 [M]. 山东教育出版社, 2010:53.
[2] M. 戴维·梅里尔. 首要教学原理 [M]. 盛群力, 钟丽佳, 等译. 福州：福建教育出版社, 2016.

航、联结比较等示范形式。当然，样例的呈现方式要根据教学内容而定，不宜过于花哨，不宜过于拖沓，需要与学生的认知加工方式一致，否则会干扰学习和问题解决。

（一）讲解示范，适时提供结构性框架

讲解示范可以说是一个完整的问题，也是一个最简单的完整任务，它包括完整问题的所有成分。此时的样例是让学生对完整任务有个大致、宏观的了解。

讲解示范是示证新知环节常用的方法，它能关注到学生现场听课的状态，操作起来也相对简单。在阅读教学中，讲解示范时将关键信息以简短的短语或要点进行屏显或板书，通过语言（教师的讲解）对信息进行具体说明。在第三学段的阅读教学中，如何做这一成分技能（主要涉及掌握应该如何做某一样事情的程序、规则和步骤）运用较多。

人教版五年级上册第六组课文的单元导语中提到：认真阅读课文，把握主要内容。课程标准在第三学段的阅读要求中提到：阅读叙事性作品，了解事件梗概。且概括主要内容一直是第三学段语文教学的重难点。因此，笔者围绕"如何概括主要内容"上了一节课（见表4.2）。

表4.2 "如何概括主要内容"示证新知环节

语音	屏显（板书）
同学们已经预习过第六单元了，我们先来看看《地震中的父与子》。我们可以从文中找到这些信息来概括主要内容：	概括主要内容
1.谁是主要人物？谁是次要人物？	人物（主、次）
2.故事发生的时间、地点？	时间、地点

语音	屏显（板书）
3.故事发生的原因？ 4.故事发生的经过？ 5.结果如何？ 我们交流下你所找到的信息。 根据学生的回答教师进行反馈。（与板书一一对应）	原因 经过 结果
1.——非常准确。 2.——是的，你从哪里找到的？（生：文章的第一自然段）——看来叙事的文章，我们要关注文章的开头。 3.谁来说说事情的原因？ 生：美国洛杉矶发生大地震，一位父亲安顿好受伤的妻子，冲向儿子学校，但学校已成一片废墟。 4.你觉得事情的起因概括得怎样？ 生：我觉得起因说清楚了，但可以更简洁些，比如"安顿好受伤的妻子"可以不说，跟这件事关系不大。"学校已成一片废墟"应该也可以不讲。 5. 评价得非常到位。所以你的意思是起因可以改为—— 生：美国洛杉矶发生大地震，一位父亲冲向儿子学校。 6.经过部分是概括主要内容最难的部分，先以四人为小组进行交流，将你们总结的事情经过用一句话写在小黑板上。 7.我们挑选两个小组的小黑板进行展示，你们觉得哪个经过更好些？ 生：感觉第二个经过繁琐了点。比如"不顾警察、消防员的劝阻"就可以直接写"不顾劝阻"。 生：我觉得应该从主要人物的角度概括。"其他父母寻找了一会儿绝望地离开了""大家以为他精神失常"这些好像不是从主要人物的角度概括，显得有些繁琐了。 师：这位同学的评价有点意思，他似乎明白了之前我们寻找主要人物的目的，好！ 生：感觉第二个经过虽然写得多，但不完整，为什么这位父亲的做法跟其他父母不一样，我觉得就是因为他跟儿子的承诺"不论发生什么，我总会跟你在一起"。就像第一个经过概括的那样"坚定信念"。	主：父亲　次：儿子 时间：有一年 地点：美国洛杉矶 正例：一位父亲冒着随时可能发生大爆炸的危险，不顾劝阻，坚定信念，辛苦地挖掘了38小时。 反例：其他父母寻找了一会儿绝望地离开了，而这位父亲一直埋头挖，不顾警察、消防员的劝阻和随时可能爆炸的危险，大家以为他精神失常，就这样，他挖了38小时。

续表

语音	屏显（板书）
师：的确，第一个经过更准确，把文章中主要人物的动作、神态、语言用短语进行了概括。经过部分因为比较长，而且多为描写，所以我们一定要从主要人物的角度，把主要意思简洁、完整、准确地概括。这也是一个好的主要内容的关键。 8. 结果呢？ 生：父亲从废墟中救出儿子和他的同学。 9. 刚才我们分了几步，找到了几个要素概括，但概括主要内容时需要把这些要素连缀起来，叫作"要素连缀法"。根据刚才的概括，你能连起来写写主要内容吗？ 10. 我们来比较下这两个主要内容。 生：我感觉在连缀时，有些内容可以删去，比如一位父亲冲向7岁儿子的学校。因为经过和结果都会讲到这个内容。 生：在连缀时可以用上连接词，比如"经过"。 其实要素连缀也有方法，一般常用这样的方式把要素连缀。 11. 说说我们是怎么概括主要内容的？（呈现概括框架） 12. 我们再一起把课文的主要内容写写。	好的主要内容：完整、简洁、准确 要素连缀法 正例：有一年，一位父亲因为儿子受美国洛杉矶大地震影响被压在学校，他冒着危险，抱着坚定信念，不顾劝阻，挖掘了38小时，最后在废墟中救出儿子和同学。 反例：有一年，美国洛杉矶发生了大地震，一位父亲冲向7岁儿子的学校。他冒着危险，抱着坚定信念，不顾劝阻，历尽艰辛，挖掘了38小时，终于在废墟中救出儿子和同学。 删除重复、用上连接词 ＿＿＿＿（时间），＿＿＿＿（人物）因为＿＿＿＿（起因）在＿＿＿＿（地点）＿＿＿＿（经过），最后＿＿＿＿（结果）。

笔者以概括《地震中的父与子》一课的主要内容为示证新知环节。从成分技能的角度分析，属于如何做（程序）。从以上的教学环节中可知，笔者首先运用指导性问题框架让学生独立寻找文章的要素（时间、地点、人物、起因、经过、结果）。这几个指导性问题框架其实就是概括主要内容的基本步骤——寻找六要素。笔者带着学生一一交流这些要素时，也是进一步回忆了概括的步骤，而且在示证的倒数第二个环节"说说我们是怎么概括主要内容的"一问，

笔者带着学生再一次梳理概括主要内容的步骤，并且引导学生将答案信息综合连缀，整理出完整通顺的概括框架。这一概括框架对于初学者非常好用，相当于给了他们一个概括主要内容的帮手。

在示证环节，笔者还进行了学习指导、同伴讨论、适时板书等对概括主要内容中的重难点进行细节刻画。特别是比较难概括的经过，笔者充分运用正例、反例，让学生在比较中明白了一个好的主要内容要完整、简洁、明确，同时在小组合作写经过和尝试要素连缀环节，都运用了同伴讨论正反例，让学生对范例问题进行商讨，明白概括经过部分可以抓住主要人物进行概括，要素连缀时，要删去重复的内容，适当使用连接词。

对于初次接触概括主要内容的学生而言，这样的正反例，可以促进学生思考如何概括得更到位，帮助他们清晰概括的标准——完整、简洁、明确，从而在自己独立概括时得以更精确。这种用正反例结合的方式阐述概念的做法，可以更有针对性地帮助学生理解新知。

从教学实践而言，这个示证新知环节为学生概括文本内容提供了便利和帮助。特别是概括框架，就像给概括提供的支架，大部分同学能借助它准确填写表格，较好地概括出主要内容。

（二）微课示范，有效运用双通道

学习者拥有视觉通道和听觉通道，可以同时看图示（视觉通道）和听解释（听觉通道）。而且研究显示，利用视觉通道和听觉通道比单纯地运用视觉或听觉通道要高效。微课示范遵循示证新知原理所说的，提供一般信息及细节刻画，促进学习。在第三学段的阅读教学中，哪一类、如何做成分技能运用较多。

《鲸》是一篇很典型的说明文，为了达成撰写"鲸的自述"的中心任务，笔者安排了课文围绕鲸写了什么、怎么写出鲸的特点等任务序列问题。其中"怎么写"涉及到说明文的说明方法运用，也是学生新接触的内容，而且从往届学生的掌握情况来看，属于难点。且判断说明文的说明方法也是第三学段的学习重难点。因此，笔者利用微课的方式示证新知，不仅利用语音和解释将知识讲解清楚，同时也方便学生课后及复习时反复学习。对于教学重难点，一般建议制作微课，便于学生课后反复学习。视频一般都允许学生控制文本呈现的速度，学生可以根据自己的学习状况，慢进或快进微课，使其真正地服务于学生。当然，如果为了训练学生阅读文本或观察图片的专注度，有时需限定时间。

《鲸》是学生真正意义上第一次接触的一篇说明文，微课示证具有非常重要的意义。来看看此环节的示证新知（见表4.3）。

表4.3 《鲸》示证新知环节

语音	屏显（见图示）
1.同学们，请阅读课文的第一自然段，想想这段写了鲸的什么特点，请用一个字概括。 生：大。 反馈：把一段话读成一个字，真厉害！ 2.鲸很大，但如果只是单纯地说大，我们还是不能准确地感觉到鲸到底有多大。对吗？ 3.下面请你再读第一自然段，看看作者是怎样说明鲸的"大"的，把体现鲸大的有关词句画出来。 例句1： （1）找出这句话中的数量词。对了，有"十六万公斤、两千公斤、四万公斤、十七米、十几头。"	不少人看到过象，都说象是很大的动物。其实还有比象大得多的动物，那就是鲸。目前已知最大的鲸有十六万公斤重，最小的也有四万公斤。我国发现过一头近四万公斤重的鲸，约十七米长，一条舌头就有十几头大肥猪那么重。它要是张开嘴，人站在它嘴里，举起手来还摸不到它的上腭，四个人围着桌子坐在它的嘴里看书，还显得很宽敞。 例句1： 目前已知最大的鲸约有十六万公斤重，最小的也有四万公斤。我国发现过一头近四万公斤重的鲸，约十七米长，一条舌头就有十几头大肥猪那么重。 说明方法：列数字

续表

语音	屏显（见图示）
（2）数字、数字，还是数字，这里用了列数字的方法。列数字也是一种常用的说明方法，也可叫列数据。 （3）同学们，请你读读这一处，特别留意有数字的地方，想想用了列数字有什么好处？对了，有了这一系列的数字，把鲸的大说具体了，让我们对鲸有了更形象的认识。 （4）那看看这句话，这句话运用了列数字吗？同学们要记住列举时间、年代不属于列数字。那什么是列数字呢？就是从数量上说明事物特征或事理的方法，使语句更准确，更科学、具体，更具说服力。数字一定要准确。	1995年，我国发现过一头非常重的鲸。 不属于列数字 列举时间、年代不属于列数字。
例句2： （1）这句话哪些地方让你感觉到鲸的大？是的，看到鲸的人毕竟是少数，但一个人站起来举起手的高度以及四个人围着桌子坐这些生活场面，我们还是熟悉的。 （2）真的有人去过鲸的嘴里体验过吗？你从哪个词语里看出来的？ 是的，我们哪真敢去啊，所以这样的说明方法叫——作假设。（这个"作"字不要写错哦） （3）这样写有什么好处？ 虽然作假设不是常用的说明方法，但在这里让我们通过对现实生活相关场景的想象，更生动地感受鲸的大，而且富有情趣。	例句2： 假如、如果 它要是张开嘴，人站在它嘴里，举起手来还摸不到它的上腭；四个人围着桌子坐在它的嘴里看书，还显得很宽敞。 说明方法：作假设
例句3： 同学们，你们想过吗？作者把鲸跟大象比，为什么不跟猫、狗比？ 是的，因为大象是陆地上最大的动物，可鲸竟然比大象大。这样一比，吓一跳。这样的说明方法叫——作比较。 作比较是一种特别有效的说明方法。这句话中用我们熟知的事物大象来比较，让我们对鲸的大了解得更具体。	例句3： 说明方法：作比较 不少人看到过象，都说象是很大的动物。其实还有比象大得多的动物，那就是鲸。

续表

语音	屏显（见图示）
例句4：体会一个句子多种说明方法 （1）再仔细读读这段话，哪句话也用了"作比较"？ 对了，这句话中拿我们熟悉的大肥猪和鲸的舌头作比较，鲸的舌头竟然有十几头大肥猪那么大，可想而知，一头鲸有多大。 （2）在说明文中，有些句子不止用一种说明方法哦，像这句话不仅用了列数字、作比较，还用了举例子。你知道什么是举例子吗？ 是的，就是在一群事物中举某个具体的事物。就像这句话中，专门举了我国捕获的一头鲸，它可是众多鲸中的一条啊！用举例子可以更具体、科学地表达意思。 小结：为了介绍鲸的大，作者可谓是花了不少心思，用了不少说明方法，让我们一起来读读…… 运用这些说明方法介绍事物，可以使读者更准确、更直观、更形象地了解事物的特征，给人留下深刻的印象。	例句4： 我国捕获过一头四万公斤重的鲸，有十七米长，一条舌头就有十几头大肥猪那么重。 说明方法：列数字 作比较 举例子 说明方法：举例子 　　　　　列数字 　　　　　作比较 　　　　　作假设

如何判断说明方法是达成完整任务的关键，这个成分技能属于"哪一类"。在示证哪一类成分技能时，需提供相关的实例，用信息呈现概念，还需要提供正反例子以便学生对各种说明方法的本质信息做到心中有数。本案例中，教师用语音同步解说图示，使用加粗、色彩、下画线、箭头等将学生注意力集中在细节刻画的属性或当下重点，以课文中相关的句子为实例，把每种说明方法的概念解释清楚。如在讲到"它要是张开嘴，人站在它嘴里，举起手来还摸不到它的上腭，四个人围着桌子坐在它的嘴里看书，还显得很宽敞"一句时，为了帮助学生体会作假设的说明方法，

教师引导学生思考：真的有人去鲸的嘴里体验过吗？你从哪个词语里看出来的？然后将"要是"显红加粗，还利用写有"假如、如果"的泡泡指示"要是"，表示这两个词语是"要是"的近义词。这样，作假设的意思及标志便一目了然。

在帮助学生识别列数字这种说明方法的时候，教师不仅利用实例进行细节刻画，显红句子中的"十六万公斤、两千公斤、四万公斤、十七米、十几头"，还利用反例，帮助学生知道不是所有的数字都是列数字的说明方法，像"1995"这样，列举时间、年代不属于列数字。然后教师陈述列数字的概念。

作为说明文的一大难点——辨别说明方法，教师通过逐条显示句子，配以语音同步阐述，将如何辨别说明方法及采用这种说明方法的好处一一讲明。在讲解作比较时还运用了大象的图和鲸的图，让学生在充满情趣的学习氛围中理解作比较。为了帮助学生区分教学事件中的不同元素，教师将例句、说明方法等分别用楷书、宋体等不同字体显示。

善用教学媒体是示证新知原理中常提及的，因此，教学中，教师灵活地运用黑板、课件、视频、音乐、图表等媒体，不仅增加了课文内容的直观性与生动性，更能帮助学生将注意力集中在信息呈现和细节刻画的关键部分，对教学的效果与效率产生积极的影响。

（三）问题导航，准确提供细节刻画

五星教学原理提出：当学习者通过观察一项（解决问题）所需要的知识技能的（指导性）示证时，才能促进学习。为了更好地帮助学生在头脑中建构新知识，在有些阅读课中，我们会运用图示辅助（包括表格）。学生们在教师的指导下，把隐含在教材中的知识技能利用图示（表格）进行梳理、明晰。在阅读课的"为什么学习"类型中更多用到这种策略。

一位老师在执教《刷子李》[①]一课时，从小说情节特点角度实施教学，将"一波三折的情节"作为本课主要任务，以课文为范本，教会学生体会并掌握小说情节设计一波三折的特点（见表4.4）。

表4.4 《刷子李》示证新知环节

语音	屏显（见图示）
1.请你为刷子李的名片选一句广告语。这么一个能人，总得有张名片。如果给这张名片配一句广告词，用原文中的哪句最好？ 生：只要身上有白点，白刷不要钱。 生：他要是给您刷好一间屋子，屋里什么都不用放，单坐着，就如同升天一般美。 师：看来第一自然段很有广告效益。（出示第一段，一起读） 2.我们说不能光看广告，还要看事实。现在看第3到第6自然段，画出哪些事实可以体现出刷子李技艺高超？ 生：第5自然段第三句，"但刷子划过屋顶，立时匀匀实实一道白，白得透亮，白得清爽。"	呈现课文的第一自然段，将学生提到可做广告词的句子显红。 他要是给您刷好一间屋子，屋里什么都不用放，单坐着，就如同升天一般美。**最让人叫绝的是，他刷浆时必穿一身黑，干完活，身上绝没有一个白点。别不信！他还给自己立下一个规矩，**只要身上有白点，白刷不要钱。 呈现体现刷子李技艺高超的句子： 可刷子李一举刷子，就像没有蘸浆。但刷子划过屋顶，立时匀匀实实一道白，白得透亮，白得清爽。 只见师傅的手臂悠然摆来，悠然摆去，如同伴着鼓点，和着琴音，每一摆落，那长长的带浆的毛刷便在墙面啪地清脆一响，极是好听。啪啪声里，一道道浆，衔接得天衣无缝，刷出的屋面，真好比平平整整打开一面雪白的屏障。

---

① 本课例由杭州市天长小学史剑波老师提供。

续表

语音	屏显（见图示）
生：还要补充，"只见师傅的手臂悠然摆来……极是好听。"说明刷墙很有节奏。 生：悠然摆来悠然摆去，说明这项工作他做的很有艺术感。 师：这么美丽的动作，老师和你们一起读读。 师：读着读着，我们好像我们眼前的人物不像一个粉刷匠，而像—— 生：像个神仙。 生：像个艺术家。 生：像个音乐家。 师：现实生活中果真有这样的艺术家，我们一起看看。（播放2008年北京奥运会上舞蹈艺术家跳舞时用身体画国画的视频） 师：让我们在这千年古音中一起再读这两段。 3.还有哪句话体现他的技艺高超？ 生：第6自然段，"每一面墙刷完，他搜索一遍，居然连一个芝麻大小的粉点也没发现。" 师：还是这个白点。我们一起协作，看能不能把所有有白点的话全部找出来？（课件呈现出示句子） 师：这一天，"白点"一直让曹小三纠结着，你能用一条曲线把曹小三的心理变化画出来吗？（指名两位学生到黑板上画，其余在书上画） 师：请为我们解说一下你的曲线图。 生：曹小三一开始对师傅的技艺是将信将疑的，就在半低状态；当看到师傅动作优美地刷墙时，觉得师傅确实有点本事，曲线就上去了；当看到白点时，师傅如山般形象轰然倒下，原来师傅也不过如此呀，情绪马上跌落下来；最后听师傅变魔术式的解释白点后，真是五体投地，曲线又上去了。	播放视频： 配乐朗读之前的两段话 纯音乐 流水 古琴独奏 呈现含有白点的句子： 曹小三最关心的还是刷子李身上到底有没有白点。 每一面墙刷完，他搜索一遍，居然连一个芝麻大小的粉点也没发现。 当刷子李刷完最后一面墙坐下来时，曹小三给他点烟时，竟然看见刷子李裤子上出现一个白点，黄豆大小。 说着，刷子李手指捏着裤子轻轻往上一提，那白点即刻没了，再一松手，白点又出现，奇了！

续表

语音	屏显（见图示）
生：刚开始时，曹小三有点怀疑，看到师傅刷时的样子，又很相信，等到看到白点后，他的心理就随着白点波动，所以，我这里画得就像心电图一样，心跳加速。最后知道这白点是因为衣服上的小洞造成的，就彻底相信师傅了。 师：很好，画得很清楚，解释得也很清晰。如果你觉得自己很特别，一定要说说的，还有吗？ 师：我们看，无论是哪一种画法，总体的趋势是一样的，让你想到了哪个成语？ 生：跌宕起伏。 生：忐忑不安。 师：或者我们还有一个成语，一波—— 生：三折。	板书：一波三折

从成分分析的角度看，属于"如何做"成分技能。在教学中，教师围绕完整任务，排序问题，适时提供学习指导（从原文找最好的广告词、画曲线图等）促进学生学习。

示证新知的第一环节，教师利用富有生活气息的问题："如果给这张名片配一句广告词，用原文中哪句话最好？"引导学生直入教学任务。此问题不仅大大激发了学生的学习心向，而且直指文章中心，即刷子李手艺精湛，为体会小说情节的一波三折埋下伏笔，是达成完整任务的关键一步。

五星教学原理指出：有效的教学内容必须具备两种类型的内容要素——特定时间或对象的一般信息与细节刻画。因此，示证新知的第二环节，教师让学生画出具体体现刷子李技艺高超的句子，这个问题又是达成完整任务的关键性一步。然后，师生合作朗读相关的句子，在朗读中形成画面，将刷子李的形象逐渐加深。接着教师用指导性的语言，引导学生想象眼前的刷子李不像粉刷匠而是像——，让学生把文章与生活中的相关人物联结，对刷子李的形象又是一大推进。最明显的细节刻画是2008年北京奥运会开幕式的视频，舞蹈艺术家用身体画国画，很好地诠释了这段文字，让人不得不赞叹刷子李的技艺。

细节的描写往往是最具杀伤力的，在学生提到白点时，教师引导学生通过关注白点，感受小说情节的魅力。学生找出所有描写白点的句子，然后用一条曲线把曹小三的心理变化画出来。也许学生画的曲线各有不同，但是大方向还是一致的，于是，小说情节的一波三折就这样被学生理解了。

（四）联结比较，无痕引领同伴讨论

我们必须明白，示证新知环节并非所有的知识都是由教师讲解或告知学生的，如一些约定俗成的知识技能。同时对于第三学段的学生，他们有一定的学习能力、知识积累、合作能力、探究精神，而且他们也更喜欢自己参与到知识的探究中。因此，第三学段的阅读课的示证新知环节，不再像前几个学段一样需要教师大比例地讲授，而是在教师巧妙点拨和指导下，适当选取文中语句进行删改或从其他文中选取一部分进行比较品味，让学生自己发现"新知"。这种示证新知的策略更像是让学生在应用对比中，自己得出新知。

乌申斯基曾说："比较是一切理解和思维的基础，我们正是通过比较了解一切的。"在阅读教学，特别是第三学段的阅读教学中运用比较，是一种创造性地运用教材、凸显教材特色的教学策略。

人教版五年级下册第22课《人物描写一组》中的《临死前的严监生》一文，是一段如同素描般的绝妙的细节描写。作者通过人物的动作神态，把守财奴严监生的特点淋漓尽致、入木三分地表现出来，给我们留下了深刻的印象。

《临死前的严监生》一文的中心任务是：运用适合的细节描写刻画人物的特点。为了达成这一中心任务，教师安排了序列问题：利用教材阅读连接，知晓严监生是个有钱人；运用圈画的方式突显"很有钱"（但此时学生对严监生的"很有钱"只是停留在一般信息上）；教师及时补充《儒林外史》中对严监生有钱的描写，进行细节刻画，让学生在交流中感受严监生的当时处境。有这些文本内容的铺设后，让学生自然而然地思考：这个有钱人为什么不肯断气？严监生给你留下了什么印象？初看这是对于人物形象的把握，对中心任务作用不大，但正因为塑造这样一个吝啬的人物形象，直接影响到作者选择的描写方法。感受人物形象是完成中心任务的关键一步。

紧接着，教师提供了一张表格，引导学生思考"作者是通过什么方法写出严监生吝啬的特点的"。教师已示范填写了表格的第一行内容，因此，后三行对于第三学段的学生来说并不难。在和同伴的交流中，很快完成表格内容的反馈，并做了修正。但填了表不等于领悟了写法，只能说表格帮助我们更好地发现表达特点。紧接着，教师抛出了一个指导性的问题："请你再看看表格，你发现了什么？先自己思考，再把你的发现说给合作小组伙伴听。"这个问题可谓直指本课中心任务。学生在积极的学习心向的驱动下独立思考,再与同伴讨论,全班交流,再加上教师的适时指导如"你们知道为什么作者仅仅刻画动作和神态吗?",最终体会到作者抓住人物描写(神态、动作)塑造人物特点的方法。

该课利用阅读连接中对严监生的评价与文中严监生的表现进行比较,用表格梳理让学生在比较下,对新知示证。因此,示证新知环节完全可以在教师的带领下,让学生在讨论中悟出新知,教师只是指导者、设计者、反馈者(见表4.5)。

阅读教学中,示证新知环节所运用的四个教学策略都充分体现四个标准:紧扣目标施教、提供学习指导、善用媒体促进、开展同伴讨论。只是因为课文的特点、中心任务的设置等不同,选择不同的策略。总之,只有根据内容合理地示证新知环节,才能较好地提高教学质量。

表4.5 《临死前的严监生》示证新知环节

语音	屏显(板书)
一、对比阅读,感受人物形象 1.出示提示语,从中了解到什么? (有钱人) 2.补充《儒林外史》中描写严监生很有钱的句段。 3.这个有钱人为什么不肯断气?至此,严监生给你留下了什么印象?	阅读连接语 严监生是我国古典讽刺小说《儒林外史》中的一个人物。在这部小说里,作家吴敬梓用讽刺的手法,描写了封建社会读书人对功名的追求,以及他们的生活状况。在小说里,严监生是一个<u>很有钱的</u>人。下面这个片段描写的是他临死前的情形。 《儒林外史》中描写严监生很有钱的句段。 他家有十多万银子。钱过百斗,米烂陈仓,僮仆成群,牛马成行。良田万亩,铺面二十多间,经营典当,每天收入少有几百两银子。 ——节选自《儒林外史》 补充:一两银子相当于500元人民币。

续表

语音	屏显（板书）		
二、分步学习，体会描写方法 1.作者是通过什么方法写出严监生这个人物吝啬的特点呢？默读课文，填写表格。 全班交流，展示一位学生的表格，补充和修改。（指导学生抓关键语句概括的方法） 观察表格，发现写法。（动作、神态的细节描写） 生：我们发现屋里的人没猜中，严监生的表现越来越着急。 生：虽然严监生是文章的主要人物，但作者没有运用很多描写去刻画他，而是仅仅刻画了他的动作和神态。 师：你们知道为什么作者仅仅刻画动作和神态吗？ 生：因为严监生已病入膏肓，自然连说话的力气都没了，语言描写自然不真实。 生：这段话重点是为了凸显有钱人临死还记挂着两茎灯草不肯断气，因此，也不需要刻画他的外貌。 生：所以，我们发现运用什么描写方法要根据你刻画的人物特点选择，不是所有描写都要运用的。 师：太棒了！你们通过讨论、思考，体会到了这篇文章写法的特点。 推敲严监生的表现，感受严监生心情的变化，并指导朗读。 ……	屋里的人	猜测内容	严监生的表现
	大侄子	两个亲人不曾见面	把头摇了摇
	二侄子		
	奶妈		
	赵氏		

第五章 改进课堂阅读教学的基本策略（下）

一、应用新知原理的六大阅读教学策略

应用新知环节是语文阅读课中最不受重视的、最为欠缺的。由于语文不像理科那样比较容易进行尝试运用，或者在单位时间内尝试运用的时间不够，在日常的语文阅读教学中，不少语文教师直接跨过应用新知环节进入融会贯通环节。因此，在传统阅读课堂中，应用新知的"身影"很难找到。这也是语文学习低效的最大原因。

应用新知环节能让学生在练习运用中检测自己是否领会知识，是学生将新知内化的关键一环。尽管学生在示证新知环节中能跟上思路，或者因为有教师的指导学习，认为自己已经懂了。但我们都知道"纸上谈兵"的道理，如果没有自己的实践，知识往往很难内化。因此，在应用中，所有的卡壳或出现一知半解的情况都可以在应用环节中不断地被完善、巩固。学生要想真正学会知识和技能，不仅需要示证新知，更需要应用新知，把知识和技能

弄懂。

应用新知原则有五个标准：紧扣目标操练、运用教学反馈、促成实际表现、提供学习指导、强化同伴合作。应用新知类型主要有两种，第一种是识别操练，主要是要求学生能辨认出不同例子；第二种是应用操练，它是要求学生在现实生活中操练特定程序的一系列步骤。不管是识别操练还是应用操练，提供变式练习是应用新知原理中最常用的方式。那么在阅读课中，我们经常会用到哪些操练形式呢？

按照材料的来源可以分为：从课文中寻找迁移练习点；从课外文章（同单元课文）中寻找迁移训练点。

（一）从课文中寻找迁移练习点

1.想象补写，举一反三

课文本身就是一个很好的学本。教师要充分利用每一篇课文，做好教材的再次开发者。

人教版六年级上册第9课的《穷人》是一篇经典的老课文。[①]一位老师另辟蹊径将托尔斯泰真实细腻的心理描写作为教学重点，整堂课的中心任务是体会作者细腻真实的心理描写并尝试运用。教学中，他聚焦于桑娜抱回孩子后忐忑不安的心理描写进行示证新知，然后重点学习这段话并辐射课文内容，让学生体会运用心理活动凸显人物品质的方法。

以下案例便是《穷人》的应用新知环节[②]。教师利用课文中的一

---

① 目前，《穷人》一课在统编版六年级上册第13课。
② 本课例由原杭州市崇文实验学校汪玥老师提供。

个片段,让学生尝试运用感受到的心理活动的描写方法,不仅巩固新知,对小说运用心理活动描写塑造人物特点的写作方法加深印象,而且也对文章有了更深理解,可谓一举两得。

表5.1 《穷人》应用新知环节

语音	屏显(板书)
尝试心理描写,升华人物品质	
1. 尝试心理活动描写。 桑娜来到西蒙家,看到邻居西蒙死了,而两个孩子却睡得香甜。此时,她会想些什么,请写下桑娜当时的心理活动(可以尝试着用省略号、问号和感叹号)。 2. 交流心理活动描写。(师生评价) 你觉得这位同学的几处标点用得合适吗? 你更欣赏哪位同学的心理活动描写? 3. 教师反诘,探寻小说主题:为什么擅长心理描写的托尔斯泰一个字也没有写? 4. 教师总结提升:托尔斯泰曾说"没有单纯、善良、真实,就没有伟大"。抱回孩子的一刹那桑娜什么也没想,她觉得非这样做不可,这就是一个将善良深深刻进灵魂的人。	孩子的呼吸均匀而平静,睡得正香甜,桑娜想:_____ 想到这儿,桑娜用头巾裹住睡着的孩子,把他们抱回家里。

本节课中,成分技能为"如何做",因此,一定需要学生来执行一个类似的任务才能促进学习。教师寻找课文结尾处的一个场景,让学生运用学到的心理活动的方法,联系上下文,学着之前的片段,运用省略号、问号、感叹号尝试描写心理活动,应该说这是一个紧扣目标的任务。在学生独立完成撰写后,师生进行反馈评价,内化心理活动描写方法,同时也运用补充心理活动的方式,理解了桑娜当时的想法。"你觉得这位同学的几处标点用得合适吗?""你更欣赏哪位同学的心理活动描写?"这是教师在反馈、指导时说的话,因为没有反馈与指导的练习是没有效果的。

只有及时且聚焦目标的反馈，才能激起学生最大的学习热情，有效地引导学生反思、改进自己学习新知过程中的错误，从而使学生真正地掌握知识。当然，这两个问题也可以看出教师渐渐放手的趋势。虽然在示证新知和应用新知中都有教师指导，但不同的是指导的比重，五星教学模式尊重由扶到放的过程。

应用新知并不是说要与示证新知的问题一模一样，紧扣教学目标的变式练习操练才是有效的。"为什么擅长心理描写的托尔斯泰一个字也没有写？"看似简单的问题，呈现的是：细腻的心理活动固然能反应人物的内心，但何时运用也是一门艺术。这也是一种变式练习操练。

2.情景表演，协商探索

教材中不少课文颇具画面感，给学生提供创意表达的空间。特别是第三学段中的经典名著片段，更是给教学提供很大的空间。因此，情景表演也是应用新知的好策略。对第三学段的学生来说，情景表演不同于低学段的文章内容再现，它是带有理解、创意、想象的表演，必须掌握好人物的性格才能更好地再现情境。为了照顾不同层级的学生，同时也为了学生在较短的时间内编排出一段情景小剧，笔者会提供参考模板。而对于没有被请上台表演的学生，他们则是评价者，只有深刻理解才能给出有效的评价。

人教版五年级下册第11课的《晏子使楚》写了晏子针对楚王的侮辱，机智应答，维护祖国的尊严，有力地回击楚王的历史故事。本课的中心任务是理解有理有据应答的能力，感受精妙语言的魅力，感受语言表达的艺术。因此在示证新知环节之后，安排了以情景表演为主要展示途径的应用新知环节（见表5.2）。

表5.2 《晏子使楚》应用新知环节

语音	屏显（板书）
我们通过抓住楚王和晏子的语言以及揣摩人物当时的心理活动，理解第一次楚王本想侮辱晏子，却自取其辱的过程。 你们能用自己的语言、语气、语调甚至动作再现这个画面吗？准备片刻后，为大家展示。师生评价。 不少电视剧里，都演绎过这个镜头，让我们一起来看看。	
楚王对晏子的侮辱不只一次，请你们以合作小组为单位选择晏子在此之后的一次智斗侮辱，认真研究。 温馨提醒： 1.先小组讨论研究哪次。 2.学着抓住语言，体会心理活动的方式，揣摩人物说话的方式。 3.交流学习感受。 4.分工合作，进行情景表演。（有困难的小组，可借助参考模板） 小组合作学习。	
小组展示，评价。	

梅里尔在五星教学中提到，当学习者能完成一个稍增加难度的任务时，由于有了学习者的猜测或改进，能够使应用更富实效。本成分技能属于发生了什么，在应用时需预测结果或找出条件。因此，笔者采用情景表演的方式，让学生通过默读，运用表演的策略，通过知识内化后外显，把体现晏子"机智应答，维护祖国的尊严"的条件（表现）展示出来。

情景表演是帮助学生理解课文，感受语言魅力的载体。在示证新知环节，教师带着学生重点学习第一次回击，然后让学生尝试再现画面，进行点评反馈后，教师呈现一段视频，让学生感受艺术表演和文字表达的异同。虽然教师没有过多的话语，但一段表演足以让学生学到很多，也为之后自主性更强的练习做铺垫。

在进行应用新知时，教师紧紧围绕中心任务，遵循逐渐放手的方式促成实际表现安排练习。教师大胆放手，让学生以小组为单位选择之后其中一次"智斗侮辱"，学着之前的学习方法进行研究，最终以情景表演的方式展示。每个学生进行独立学习后，一起研究课文，进行排练。这不仅是紧扣目标的操练，也是各自协商探索、相互合作的过程。然后在小组表演、生生点评、教师的反馈中，更深刻地学习有理有据应答的能力，感受精妙语言的魅力。

在这个教学片段中，教师将主动权交给同学，起从旁协助的作用。情景表演中，所有学生都能参与进来，负责演员、导演、评价等学习任务，这是一个共同交流和改进的过程，同样是一个语言的练习过程，也是不断加深对"晏子"的认识的过程。师生、生生之间的相互点评，能使学生灵活运用"抓语言，体会心理活动的方式"这一新知识，体现五星教学模式中反思完善和表现共赢的优势。情景表演策略适合于"发生了什么"一类知识技能。

3.辩论对话，反思完善

给学生充分的机会练习和应用正在学习的知识，并在辩论的过程中反思完善，得到反馈。

梅里尔在五星教学里提到，在应用新知原理时，为了促进学习者更好地学习，学习者可以运用刚掌握的知能来解决问题。学生在观察新知的示证后，需要有机会解决另外的问题。让学生在小组中通过合作解决问题是同伴互动的形式。特别是面对第三学段的学生，他们更喜欢具有挑战性，有一定思维含量的练习。因此，笔者经常围绕中心任务，抓住课文中牵一发而动全身的值得思辨的地方，开展辩论对话。

杭州市西湖区小学洪峰老师在执教人教版六年级上册第24课《金色的脚印》一课时，开展的辩论对话非常好地展示了应用新知原则（见表5.3）。

表5.3 《金色的脚印》应用新知环节

语音	屏显（板书）
1.首先，教师请支持"解"或"不解"的同学起立。 课件出示要求： 2.进行小组汇报。 （1）支持"解"的小组发表观点。 生：可怜、惦记、自由、冒险（师随即问从哪里看出）。 （2）支持"不解"的小组发表观点。 生：想要成全老狐狸用自己的力量去救自己的儿子；他们会和小狐狸建立更深的感情；人类要尊重自然。 （3）"解"与"不解"互辩。 "解"和"不解"的同学都说明了理由，还有补充么？…… 师：就像同学们所说的，帮助、同情、给动物自由是对动物的关爱。同样成全动物、尊重动物，不要人为地去干预动物，这也是对动物的一种爱。	分组：3—5人就近组成合作小组。 讨论：将关键词填入"理由圈"中，还可以结合讨论，补充其他的理由。 汇报：派一位代表。
3.教师小结。 师：人与动物之间的这份浓浓的关爱，让我们看到了小说结尾动人的画面。（配乐）【不知过了多长时间，正太郎觉得脸蛋热乎乎的……温暖着他的身体。当正太郎把小狐狸要回来，放回山谷时，我们也看到了【迎着耀眼的朝阳，狐狸们的脚印闪着金色的光芒，一直延伸到密林深处】。 师：同学们，我相信你们这热烈的掌声一定也是被老狐狸对正太郎的爱所感动。	

这篇课文的完整任务的成分技能是"发生了什么"，因此，还是需要学生预测结果或找出条件。教师采用辩论对话的策略，让学生以小组为单位到文章中找出相关条件，证明自己的观点。

从案例中，我们不难看出，学生选择"解"或"不解"不是最关键的，从文中找到依据，有自己的理解才是最关键的。虽然是辩论对话，但教师没有一开始就放任学生自由辩论，而是紧扣目标，让学生独立思考后，以同伴学习为主，进行关键词提炼，这种能力便是示证新知环节的技能。在双方都陈述观点后，教师安排双方进行直接对话。文章的主旨便浮出水面：帮助、同情、给动物自由是对动物的关爱；同样尊重动物，不人为地去干预动物，这也是对动物的一种爱。笔者认为，这种认识，不仅仅是对于中心任务——解与不解的最后总结，更是潜移默化地影响他们对人与动物、人与人之间"爱"的认识。

从这个过程看，教师尊重逐渐放手的标准。同时在整个交流过程中，教师运用"哪里看出可怜？""为什么？哪里看出来？"等语言进行学习指导，就像给学生的独立学习搭建支架。"说得有理有据，而且你们根据自己的生活体验来说""说了很多，观点很明确。他的意思就是想要成全老狐狸，用自己的力量去救自己的儿子"等反馈语言及时、准确，有时肯定学生表达能力，有时肯定学生思考的方法，有时委婉地帮助学生概括观点。

最后，教师进行小结，将双方学生的观点进行了概括。由于整个过程中学生自我探究比例高，所以对于文章中心的理解便水到渠成。教师运用辩论这个变式练习操作，大大激发学生思考、探究的积极性，而且将示证新知时对于文章情节的分析能力无痕地从扶到放开，适合于发生了什么成分技能。

4.独立批注，尝试鉴赏

第三学段的阅读能力层级主要是概括、理解和评鉴。特别是对应培养学生理解和评鉴能力这类的侧重如何做、发生了什么成分技能，在应用新知环节会经常运用批注的阅读教学策略，让学生独立运用示证时学到的阅读方法。

由于第三学段教学内容的特点，应用新知环节中的批注主要是理解式批注、评价式批注。

人教版六年级上册第一组课文，围绕着运用联想和想象的方式描写自然景观，《山雨》一课就是被作为应用新知时，让学生独立运用《山中访友》和《草虫的村落》的方法进行独立阅读。课堂中，笔者请学生围绕"认真读课文，想一想作者是怎样细致观察、用心倾听山雨的，字里行间表达了怎样的感情？请用批注的方法"这一任务展开独立学习。

生：作者先写了山雨的声音，再写山雨的颜色。我感觉作者很喜欢山雨。因为他能把山雨由远及近的过程都听得那么仔细。

生：作者喜爱山雨。我关注了文章中的基础联想和想象。作者把山雨的声音比作一曲无字的歌谣，这个比喻非常贴切，作者把枯燥的、令人厌烦的雨声，当成一曲歌谣，这是有多爱山雨啊！

生：我特别关注了"这清新的绿色仿佛在雨雾中流动，流进我的眼睛，流进我的心胸"，我觉得这句话中作者用了想象，他只看到了绿色，却感受到这绿色流进了眼睛、心胸，这已经不是一般的喜爱了。

从这些学生基于批注的发言中，我们看到了学生对"联想和想象的描写手法"的掌握情况。在学生独立写批注的时候，确保了所有学生的应用新知,教师进行巡视,单独指导。由于每个学生的经历、知识水平、感知理解能力、新知内化等是各不相同的,这就决定了阅读的过程和结果也是千差万别的。而批注阅读追求的正是这种可贵的差异。

在学生基本写完批注后,笔者一般安排同桌或四人小组合作交流批注,在交流中完善自己的批注。当然这个合作分享的过程,不仅仅是为了找到一个标准答案,更是让每个学生在展示中体会到成就感。紧接着,进入小组代表发言阶段,利用朗读、发言、直接投影批注的方式,让学生在展示中积极发挥自己的主观能动性。

教师则只需要起到穿针引线的组织作用,肯定学生新颖独到的见解,指出不够准确的地方,酌情对新知掌握情况进行再巩固。

批注式阅读策略是第三学段阅读教学中应用新知环节可以经常使用的策略,它能够真正让学生应用新知,让学生在不断的尝试应用中,达到一生受用的阅读能力。

(二)从课外文章中寻找迁移训练点

这里的"课外文章"专指课文外的文章,不仅包括教材外的由教师根据中心任务寻找的文章,也包括教材里的其他文章。不管是选择单篇还是多篇文章,也不管是教材内的其他文章还是教材外的文章,关键是服从聚焦中心任务同时省力高效应用新知的原则。

1. 多篇文章尝试迁移

梅里尔在五星教学原理中提出,为了促进学习效果,可以加强对信息和例证的练习。只有学生运用所学新知,并从中再次获得新知,才能真正内化知识,找到学习的兴趣及动力。

要留意的是,在应用环节,并非单一地重复示证新知阶段的问题。因为只有不断地应用变式练习,才能算真正内化、掌握相关技能。更多的时候,需要示证新知—应用新知—再示证新知—再应用新知。在练习的过程中,教师提供适时反馈与学习指导,逐渐减少指导,直到独立完成。"如何概括主要内容"是很好的例子。

笔者带领学生概括《地震中的父与子》的主要内容后,接着让学生在练习中概括本单元其他三篇课文《慈母情深》《"精彩极了"和"糟糕透了"》《学会看病》的主要内容(见表5.4)。

表5.4 "如何概括主要内容"应用新知环节

语音	屏显(板书)
1.一个好的主要内容:完整、准确、简洁。我们根据这三个标准来听听同学们的主要内容。 生1:课文主要讲了"我"想买一本《青年近卫军》,想得整天失魂落魄(起因),一个贫穷辛劳的母亲不顾同事的劝阻,毫不犹豫地给钱让"我"买《青年近卫军》(经过),最后作者有了一本长篇小说——《青年近卫军》(结果)。 反馈:要素齐全,如果没有特定的时间、地方可以不加;但欠准确。对于初次尝试概括主要内容的同学来说,很不错。 生2:"我"一直想买一本长篇小说——《青年近卫军》。但当"我"问母亲要钱时,看到贫穷的母亲辛苦地"掏出一卷揉得皱皱的毛票",因为惭愧,用钱给母亲买水果罐头。最终母亲又给"我"凑足钱让"我"买了这本书的事。 反馈:这个主要内容完整、准确,但显得不简洁,在概括时不需要描写的内容。(" "为描写的内容) 生3:课文主要写了"我"因为一直想买《青年近卫军》,后在母亲工作的地方看到她辛苦工作,但母亲不顾同事的劝阻,把钱给了"我",最后"我"买了这本书的事。	课件呈现:____(时间),____(人物)因为____(起因)在____(地点)____(经过),最后____(结果)。 一个好的主要内容:完整、准确、简洁。

续表

语音	屏显（板书）
反馈：这位同学运用结构化框架概括主要内容，简洁了不少。这个主要内容唯一不足的是有一处不够准确。我们一起在这个主要内容的基础上进行改进： 课文主要写了"我"因为一直想买《青年近卫军》，后在母亲工作的地方看到她辛苦工作，但母亲不顾同事的劝阻，把钱给"我"，于是"我"惭愧地用钱给母亲买水果罐头。最后"我"用母亲又给"我"凑足的钱买了这本书的事。 1.独立阅读《"精彩极了"和"糟糕透了"》，思考主要内容。 2.小组交流、评价，最后呈现一个最能代表你们小组水平的主要内容，并说说你们交流主要内容的感受。 小组1：我们组的讨论结果是——这篇课文主要写了七八岁时，"我"写了一首诗，分别拿给爸爸妈妈看，爸爸认为"糟糕透了"，妈妈认为"精彩极了"，最后在两股力量下，"我"成了作家。 我们一开始想套用结构化框架概括，但发现不通顺。我们觉得<u>结构化框架不是万能的，要根据具体课文而定</u>，而且当<u>有些文章的时间、地点不明显时可以不加</u>。 反馈：这个小组的学习能力很强，发现这篇叙事文与前两篇略有不同，所以不能完全套用结构化框架。 小组2：我们感觉这篇文章不像前两篇经过部分有大量描写，相对比较好概括。在讨论中，我们发现这篇课文的课题是文章的关键词，它们是对文中父母语言的概括。所以关注课题能帮助我们概括。我们的主要内容是：七八岁时，"我"写了一首诗，分别拿给爸爸妈妈看，爸爸认为"糟糕透了"，妈妈认为"精彩极了"，最后"我"知道这两种评价都是爱。 反馈：他们组也有发现，<u>关注课题中的关键词</u>，好办法。这两个小组概括的文章结尾不同，你们更欣赏哪个？或有更好的建议？ 生：我觉得第二个结尾比较好，第一个只概括到了文章倒数第二段，或者说只是小结果。所以，我觉得相对完整的结果应该是两个合并。	提醒： 1.如果没有特定的时间、地点可以不加。 2.概括时，不需要有描写的成分。 3.结构化框架不是万能的，要根据具体课文而定。 4.时间、地点不明显时可以不加。 5.可以关注课题，寻找关键词。
概括《学会看病》 1.独立思考。 2.有没有同学关注课题，看看这篇课文的课题和前几篇有什么不同？	

续表

语音	屏显（板书）
生：这篇课文的课题概括了主要事件。 师：是的，在叙事文中，有类文章的题目中会含有中心事件。如果碰到这样的文章，只需要扩充课题概括就可以。你们准备怎么扩充？ 生：谁，什么时候，为什么（起因），怎么学看病，最后结果。 师：其实这种概括方法叫课题拓展法，是要素概括法的升级版。 3.学生写主要内容。	课题拓展法 谁 为什么 怎么 最后结果 学会看病

以上展示"如何概括主要内容"的应用新知的过程。此成分技能毫无疑问是"如何做"，因此，必须给学生提供一些文本，让学生在尝试应用中反思修正，才能慢慢学会独立概括。

此环节紧扣教学目标——概括主要内容展开。笔者选的三篇文章与示范用的文章相似度渐渐减弱，也就是说整个过程中呈现由扶到放的过程。在第一个应用新知环节，由于学生第一次独立概括，教师的反馈及时，学习指导较多。学生使用结构化框架的意识还比较浅，概括时在完整性、准确性上存在问题。在第二个应用新知环节，教师采用同伴评价、小组汇报的形式，教师的指导逐渐减少，学生在学习中发现课题可以帮助我们概括。这是在应用新知中的对于新知的进一步深化。在第三个应用新知环节，教师指导学生发现课题的特点，然后进行了再一次的示证新知，再让学生应用新知。

从一开始的教师反馈多，到之后的小组"说说你们交流主要内容的感受"，到最后独立概括。学生从一开始对概括主要内容不熟练，需要教师提供概括支架——结构性框架，到熟练地根据概括支架概括主要内容，最后发现框架并不是万能的，充分体现了五星教学原理的从扶到放、逐渐放手的特点。

当然,在多篇文章尝试迁移中,像概括主要内容这样的"如何做"一类的程序性知识的练习形式相对单一,但对于"是什么"一类的概念性知识,练习形式则会更多些。这里要指出,虽然语文学科是一门人文性与工具性相统一的学科,但对于一些需掌握的语文知识,我们不排斥像数学、科学等学科一样运用一些多样的变式练习操作。

【案例】《鲸》——学会阅读说明文

巩固学习效果可以通过适当的练习应用完成。在应用新知时,练习能让学习者检验学习效果。练习是"是什么"成分技能常使用的。比如在《鲸》一课的应用新知环节,教师利用三种练习形式从扶到放进行变式练习操作,以帮助学生突破说明文文体阅读(见表5.5)。

表5.5 《鲸》应用新知环节

语音	屏显(板书)
1.今天我们通过《鲸》的学习,知道说明文文体阅读,需要学会抓要点,了解文章写了什么;还需要关注文章用了哪些说明方法以及用该说明方法的好处。那你们到底掌握得怎样呢?我们来看看这些练习题。请你先独立完成(1)(2)。	(1)判断说明方法,把序号填在括号里。 A.作比较　B.举例子　C.打比方 ①例如,小麦抽穗时遇上连续三天以上的大雾,就容易引起赤霉病。(　) ②1公顷水面上生产的这种藻类,经过加工后可获得数吨蛋白质、多种维生素以及人体所需的矿物质,这相当于陆地上耕种40公顷土地生产的大豆所提供的同类营养物。(　) ③人民英雄纪念碑成了顶天立地的巨人一样矗立在广场南部。(　)

续表

语音	屏显（板书）
	（2）判断下面这段话所用的说明方法，并写在横线上。 　　脑子用得勤的人，肯定聪明。因为勤于用脑的人，脑血管经常处于舒展状态，从而使大脑更加发达。相反，那些懒于用脑思考的人，由于大脑受到的信息刺激比较少，甚至没有，大脑很可能就会早衰。这跟一架机器一样，搁在那里不用就要生锈。外国有过这样的研究，科学家观察了一些20~70岁的人，发现长期从事脑力劳动的人，到了60岁时仍能保持敏捷的思维能力，而在终日无所事事的懒人当中，大脑早衰者的比例大大高于前者。
2.交流点评。	第（1）题：判断说明方法时，要圈出标记 举例子　（例如）　比如　　如　　　具体事例 作比较　（相当于）比　　　同类事物比较 打比方　（成）　　仿佛　　好像　　相当于"比喻" 第（2）题：一段话（一句话）有时不止一种说明方法，要逐一判断。 注意说明方法的名字不要写错。举例子、列数字、作比较。
3.通过刚才的小练习，我们把判断说明方法的方法进行了概括。现在难度升高了，请你阅读教材《太空"清洁工"》，思考这两个问题。比比谁既快又好。 （1）课文写了哪些方面? （2）课文运用了哪些说明方法? 选择其中一种说说使用这种说明方法的好处。 （3）合作小组交流。 （4）全班点评、交流	

《鲸》围绕"是什么"和"如何做"两个成分技能的完整任务展开。这是"是什么"的应用新知展示。"是什么"的应用新知需要对实例进行分类，也就是自己独立面对实例进行分类操作。因此，本案例主要提供一些练习，让学生辨析说明方法。

这个片段充分体现应用新知环节的四个标准：紧扣目标操练、运用教学反馈、提供学习指导、强化同伴学习。（1）（2）两题侧重说明方法的判断，因为抓要点概括就是概括能力，相对于说明方法而言，学生有些基础，而说明方法则是说明文阅读的重难点。在学生独立思考完成练习后，学生讲解交流，教师反馈，讲清在判断说明方法时还可以圈标记，并一起寻找练习中的标记，还回忆了这些说明方法可能还会有哪些标记。第（2）题主要是针对学生找不全一段或一句话中的说明方法，同时从选择到说明方法到独立判断并书写说明方法的名字。由此可见，通过练习，笔者将说明方法的知识润物无声地传递给学生。

笔者带领学生突破说明方法判断难点后，充分利用教材后的说明文，让学生独立阅读说明文，思考习题。再以合作小组形式交流这两题的思考，全班反馈。在同伴面前，学生没有压力，更愿意分享自己的想法。梅里尔在五星教学原理中提到，在教学过程中排序进行的每个任务并不是都需要完成整个任务序列需要的所有技能成分，但是最后一个任务必须把所需要的所有技能包含在其中。因此，任务1和任务2都只涉及到了完成整个任务的部分技能成分，只有任务3才把所有技能都包含。

变式问题操练是指在不超出讲解示范总的难度水平（问题空间）前提下，有意识地变化问题的情境，以便进一步凸显和澄清问题的本质要素。① 因此，应用新知环节的变式问题操练和紧扣目标操练是紧密结合在一起的，或者说是紧扣目标的变式问题操练。此案例充分提供讲练结合，循序渐进，迁移运用，是应用新知原则的好范例。

2.单篇文章尝试迁移

归根到底，会阅读、会写作的能力是阅读课最终要培养的能力。正如叶圣陶先生所说的："课文无非是个例子。"只有当学生将所有的知识技能用来解决日常生活中的问题时，才能说学会知识，而且这样的知识才是不会被轻易遗忘的。因此，教师常呈现相似文本，让学生独立阅读，将学到的阅读方法加以运用。

【案例】《刷子李》

《刷子李》的教学就是一个很好的例子。《刷子李》选自冯骥才的《俗世奇人》，是一篇以一波三折的叙事方法描写的小说。一次次地渲染刷子李的"奇"，起到引人入胜的艺术效果。本课的成分技能是"如何做"，因此，在用课文示证，学生感受一波三折的叙事方法后，教师从《俗世奇人》中选择一篇抹去结尾，请学生自行添加，符合"如何做"教学匹配策略——执行任务（见表5.6）。

---

① 盛群力,宋洵.走近五星教学[M].济南：山东教育出版社,2010:61.

第五章　改进课堂阅读教学的基本策略（下）

表5.6　《刷子李》应用新知环节

语音	屏显（学材）
1.引出作品，了解作品 师：你们知道《刷子李》选自什么作品吗？ 生：《俗世奇人》。 师：是的，我们一起来了解《俗世奇人》。（课件呈现：《俗世奇人》的介绍） 师：知道这本书主要写什么内容吗？ 生：略。 2.课外拓展，活用方法 (1)师：今天老师又给大家带来了书中另一篇小说《泥人张》，不过小说的结尾要你们去加。（下发《泥人张》文章） (2)生独自阅读，思考文章结尾。 (3)交流。 生1：泥人张到哪里就捏个海张五，把他的蛮横样捏得淋漓尽致。泥人张用手艺道上人的方式做了回击。 生2：那天，泥人张智斗海张五的事，一传十，十传百，人们纷纷赞叹泥人张的手艺绝！智商更是赛诸葛！ 生3：海张五的话给泥人张提了醒，当天晚上，泥人张便做了不少海张五的泥像，一早便开贱卖海张五。 师：听了三位同学添加的结尾，你们更欣赏谁的？为什么？	**泥人张** 　　手艺道上的人，捏泥人的"泥人张"排第一。而且，有第一，没第二，第三差着十万八千里。 　　泥人张大名叫张明山。咸丰年间常去的地方有两处，一是东北城角的戏院大观楼，一是北关口的饭馆天庆馆。坐在那儿，为了瞧各样的人，也为捏各样的人。去大观楼要看戏台上的各种角色，去天庆馆要看人世间的各种角色。这后一种的样儿更多。 　　那天下雨，他一个人坐在天庆馆里饮酒，一边留神四下里吃客们的模样。这当儿，打外边进来三个人。中间一位穿得阔绰，大脑袋，中溜个子，挺着肚子，架式挺牛，横冲直撞往里走。站在迎门桌子上的"摆高的"一歌，赶紧吆喝着："益照临的张五爷可是稀客，贵客，张五爷这儿总共三位——里边请!" 　　一听这喊话，吃饭的人都停住嘴巴，甚至放下筷子瞧瞧这位大名鼎鼎的张五爷。当下，城里城外气最冲的要算这位靠着贩盐赚下金山的张锦文。他当年由于为盛京将军海仁卖过命，被海大人收为义子，排行老五。所以又有"海张五"一称。但人家当面叫他张五爷，背后叫他海张五。天津卫是做买卖的地界儿，谁有钱谁横，官儿也怵三分。 　　可是手艺人除外，手艺人靠手艺吃饭，求谁？怵谁？故此，泥人张只管饮酒，吃菜，西瞧东看，全然没有把海张五当个人物。

105

续表

语音	屏显（学材）
生：我觉得第二位同学的语言已经和文章一样有些天津味了。但结尾有点普通，就像我们平时写的文章结尾。第一和第三都不错，最后的结尾符合泥人张这个人物的特点。 生：我更喜欢第三个结尾，第二个结尾前面的同学已经讲过，过于普通，第一个不错，但第三个结尾更有让人眼前一亮的感觉。 生：我也觉得第三个结尾好，这样一来情节就一波三折了。第二个结尾平着结束。第一个稍微有点波澜，但总觉得差那么一点。 师：同学们，你们太厉害了，其实你们刚才已经在用"一波三折"的情节设计的方式去写小说的结尾了。我们发现这样的结尾使人眼前一亮，脱口称绝。我们来看看作品的结尾吧！ （4）呈现结尾：第二天，北门外估衣街的几个小杂货摊上，摆出来一排排海张五这个泥像，还加了个身子，大模大样坐在那里。而且是翻模子扣的，成批生产，足有一二百个。摊上还都贴着个白纸条，上面用墨笔写着：贱卖海张五。 课后，我们一起修改下自己添加的结尾。	但是不一会儿，就听海张五那边议论起他来。有个细嗓门的说："人家台下一边看戏一边手在袖子里捏泥人。捏完拿出来一验，台上的嘛样，他捏的嘛样。"跟着就是海张五的大粗嗓门说："在哪儿捏？在袖子里捏？在裤裆里捏吧！"随后一阵笑，拿泥人张找乐子。 这些话天庆馆里的人全都听见了。人们等着瞧艺高胆大的泥人张怎么"回报"海张五。一个泥团儿砍过去？ 只见人家泥人张赛没听，左手伸到桌子下边，打鞋底抠下一块泥巴。右手依然端杯饮酒，眼睛也只瞅着桌上的酒菜，这左手便摆弄起这团泥巴来，几个手指飞快捏弄，比变戏法的刘秃子还灵巧。海张五那边还在不停地找乐子，泥人张这边肯定把那些话在他手里这团泥上全找回来了。随后手一停，他把这泥团往桌上"叭"地一戳，起身去柜台结账。 吃饭的人伸脖一瞧，这泥人张真捏绝了！就赛把海张五的脑袋割下来放在桌上一般。瓢似的脑袋，小鼓眼，一脸狂气，比海张五还像海张五。只是只有核桃大小。 海张五在那边，隔着两丈远就看出捏的是他。他朝着正走出门的泥人张的背影叫道："这破手艺也想赚钱，贱卖都没人要。" 泥人张头都没回，撑开伞走了。但天津卫的事没有这样完的——

教学时，笔者紧紧抓住白点，通过画折线图，引导学生感受小说一波三折的特点。对小说这一情节特点的把握，直接关系到学生阅读小说。同时《俗世奇人》是以清末民初天津市井生活为背景，讲述传奇人物生平事迹的。因此，在融会贯通环节，笔者请学生推测《泥人张》的结尾。从学生揣测的结尾及评价中，我们可以感受到不同学生对于"一波三折"情节掌握的差异。笔者运用"听了三位同学添加的结尾，你们更欣赏谁的？为什么？"一问，放手让学生根据之前所学的"一波三折"情节设置的方式在具体的文章中加以运用。因此，学生自己经历尝试写、评价、修改的过程尤为重要，也只有这样才能真正促进学习效力。

这个案例再次说明，学生如果不对所学知识进行练习消化，最终所学不一定会用，更无法达到熟练水平，巩固性原则是应用新知环节所遵循的。当然也有极个别学生掌握了小说一波三折的特点及《泥人张》的主要内容，添加的结尾与原文结果几乎如出一辙。其实小说是以"海张五挑衅泥人张—泥人张捏泥像还击—海张五出口讥讽—泥人张贱卖海张五"的思路写的。如果学生读懂了前面几个环节，最后环节便水到渠成。

应用新知环节是真正为学生着想的环节，它对实现学习迁移具有重要的现实价值。根据学习心理学的特点，任何知识的学习都必须遵循尝试应用—反馈指导—再尝试应用的过程，在这个过程中，从扶到放，最终达到真正习得。当然，如果评价反馈不及时，练习的效果就会大打折扣。但是这个评价反馈，并非是对学生的练习进行评比，而是反馈学生在尝试练习中的知识掌握正确与否。

二、融会贯通原理的四大阅读教学策略

梅里尔在五星教学原理中提到,融会贯通就是学生单独运用所学的知识完成一个面向现实的问题。这个原则主要有三个特点:实际表现业绩、反思完善提高、灵活创造运用。五星教学提出融会贯通掌握原理是帮助学习者在日常生活中综合新知识来促进学习,可以公开展示或表现自己已经掌握的新知识技能;可以反思讨论或者自我辩护新知识技能;也可以创造发明或者探索运用新知识的个性化方式。正如古语说:"学以致用。"

在阅读教学中,有这些融会贯通原则的阅读教学策略:情境嫁接、链接现实、模仿创作、合作评价。

(一)情境嫁接,整合课文与现实的能力

梅里尔在五星教学原理中指出,为了更好地促进学习者的学,学习者要通过反思、质疑和辩护等过程将新学到的知识与技能整合到日常生活中去。[1]因此,教师在教学中多为学生提供机会互相讨论,质疑乃至辩护不同观点。在讨论等过程中要求学生做出深刻反思,有助于完善自己的认知结构,增强灵活运用新知识技能的目的。情境嫁接策略主要运用于"发生了什么"成分技能的融会贯通。

【案例】

人教版五年级下册《景阳冈》一课,笔者在课堂的最后设置这么一个环节:读了课文后,你们是否已经了解了武松是怎样的

---

[1] M.戴维·梅里尔.首要教学原理[M].盛群力,钟丽佳,等译.福州:福建教育出版社,2016.

人?如果你是武松的朋友,你认为武松推荐什么单位,安排哪个工作合适?问题一出,学生立马眼放金光。学生独立思考片刻后,进入了小组讨论环节。来看看其中一组的讨论:

生1:我觉得武松当保安挺好的。我想把他推荐到保安公司。因为他身强力壮,又很勇猛。

生2:武松当警察更好,保安有点大材小用了。当今社会就需要像武松这样智勇双全的人,维护治安。

生3:但我有点担心武松会意气用事,他虽然身材威武,智勇双全,但他很倔强,如果在办案时不听指挥,一意孤行,那会坏了大事。

生4:有道理,我觉得让武松先去军官类的学校进行系统学习,特别磨炼下忍耐力,学习下如何团队作战,然后再推荐他去当警察,让他用自己的特长造福社会。

生1:这样不错。扬其所长,改其所短。

生2:对的,思想出问题,武松对社会的危害也会很大的。

提出这个问题一石激起千层浪,3分钟的讨论热火朝天。从学生们的讨论中,我们发现他们运用从课本中感知到的武松的特点,并且与自己了解的职业匹配思考。而且同组的小伙伴在讨论时,不断做出反思、质疑,最终形成一个小组成员都较满意的答案。在讨论的过程中,相信学生们对名著对人物的描写理解更深刻:塑造一个真实的英雄,才是立体的,打动人的。

《景阳冈》一课的完整任务是"发生了什么"成分技能。因此,采用这样的策略,让学生通过对人物的分析与现有的职业进行条线匹配,对知识进行融会贯通。

（二）链接现实，架设课文与生活的桥梁

语文是工具性与人文性统一的学科，通过课文阅读，传递着为人处世的方法。教师要帮助学生"架设"从课文走到生活实际的桥梁，让一个个深奥的道理深入浅出。特别是对于第三学段的学生，自尊心越来越强，较抵触成人告知的道理，喜欢借助文本的诉说。我们可以抓住一些能对接学生当下生活的课文，进行讨论。用课文传递的道理反思现实生活中的问题，让教学真正为学生的成长服务。这正是五星教学原理所倡导的。

【案例】人教版六年级下册《桃花心木》

《桃花心木》是六年级下册第一单元的一篇散文。这篇课文的作者是台湾著名作家林清玄，他以树苗的生长来比喻人的成长，说明人成才要经受生活考验、克服依赖性。在理解文章中心句的时候，笔者引导学生联系生活，并且想想自己会如何解决（见表5.7）。

表5.7 《桃花心木》融会贯通环节

语音	屏显（板书）
1.课件出示： (1)这里的"不确定"与前面的"不确定"有什么不同？ (2)生活中哪些事是"不确定的"？能举例说说吗？（认真复习了，没有考好；被老师或同学误解，遭批评；小升初不如意；家里突发急事……） (3)合作讨论：①你要怎么解决呢？②结合生活实际谈为什么生活在艰苦环境的人往往会"经得起生活的考验"？ (4)交流。	不只是树，人也是一样，在不确定中生活的人，能比较经得起生活的考验，会锻炼一颗独立自主的心。在不确定中，演化了对环境的感受与情感的感知。就能学会把很少的养分转化成巨大的能量，努力生长。

这样的融会贯通，不仅有利于学生真正理解句子的含义，明白借物喻人的方法，而且能让学生潜移默化地在师生、生生间交流"不确定"情况时学会应有的态度与做法。尤其是将学生正面临的现实生活与课文学习相链接，让学生真正体会到了学习的价值。这种根植于学生实际生活的学习，才更能促进学习的有效性。正如梅里尔在五星教学原理中所说的，有效的融会贯通掌握就是将课堂上学到的知识与生活世界相连，努力寻找课堂扩展到生活的途径，创设学生积极思考将新学的知识运用到后续真实世界的活动。

（三）模仿创作，展现课文学习的成果

学生的"学"主要表现为有很多的时间、机会来展现学习。梅里尔在五星教学原理中提出，要给学生提供创设一定的练习机会和应用正在学习的东西。因此，在教学中最好的激发学习者激情、提高学习效率的方式就是让学生有机会向其他人"亮相"自己所学到的技能。在阅读教学中，让学生欣赏课文写法的同时，也要努力让学生走出文本，选择模仿文章结构、语言风格进行语言文字的训练，最大意义上实现教育的价值，真正从阅读中有意识地学习写作方法。

【案例】人教版五年级上册《鲸》

《鲸》是学生小学阶段第一次严格意义上接触的说明文。笔者在示证新知和应用新知阶段围绕着说明文如何抓要点和如何用说明方法将事物表述清楚展开学习。在融会贯通阶段要求用"鲸的自述"的方式抓要点，用上说明方法进行表达，简单地说就是"学以致用"（见表5.8）。

表5.8 《鲸》融会贯通环节

语音	屏显（板书）
1.总结课文，梳理方法。 师：对于《鲸》这篇课文我们主要研究了哪些内容？ 生：我们主要研究了课文从哪几方面介绍鲸以及作者用哪些说明方法来介绍的。 师：是的，这就是学习说明文最重要的两个内容。 2.融会贯通，独立运用。 师：我们知道鲸的家族成员可多了。（课件呈现，学生欣赏各种鲸）课前同学们根据自己的喜好，已经选择了自己想介绍的某一种鲸，并且收集了资料，对吧？如果要你自己写一篇说明文，介绍你感兴趣的鲸，你准备怎么做？ 生：我会先把资料整理下，想想从哪几方面介绍比较好，然后再动笔写。 生：我有补充，想好写哪几个方面后，我还会想想用什么说明方法能更好地把这种鲸介绍清楚。 师：哇，你们已经掌握了说明文的方法，就是抓住要点，用上说明方法。 3.独立写作，教师巡视。 4.交流，点评，修改。	

在这个环节中，我们可以发现运用学习《鲸》的抓要点和运用说明方法介绍其他鲸，是一个单独运用学习到的知识介绍自己熟悉的一种鲸的过程，让学生在模仿中展示自己的能力。笔者首先以"对于《鲸》这篇课文我们主要研究了哪些内容？"为支架，带领学生小结、梳理，帮助学生搭建结构框架，然后引导学生思考如何介绍自己感兴趣的鲸，最后放手让学生独立写作。让学生运用学习到的说明文的特点进行"鲸的自述"。这个环节很有价值，给学生提供了运用的载体，不仅巩固了所学，也完美地从课文转向学生生活表达需要。相信有了这样的融会贯通环节，今后学生在介绍物品时更清楚该如何表述。

(四)合作评价,反思课文学习的成效

梅里尔在五星教学原理中提到,为了学习者更好地发展,学习者要反思、讨论和巩固新习得的知能。围绕一系列需要解决的问题,经过深思熟虑并精心策划的同伴互动是最有效的方式。在阅读教学中的读写环节及复述等"怎么样"的程序性知识中,较多用到合作评价的策略,既检测了学生对于新知的掌握程度,同时也利用对同伴作品的评价、反思进一步巩固所学。

【案例】合作评价单

人教版五年级下册第五单元的习作要求是学习缩写。于是,在《草船借箭》的第二课时,笔者设计了一堂如何抓住要点缩写的课,将读写结合。缩写是把内容复杂、篇幅较长的文章压缩成只留主要内容的小短文。缩写是介于概括与描述中间的一种技能。在日常生活中,我们经常需要运用这项能力,比如向别人转述一件事、一篇文章或一本书。有的学生缩写过于简洁,有的学生缩写过于生动。因此,专门设计了这节缩写课。在教学的最后板块,笔者让学生运用习作合作评价表进行小组评价(见表5.9)。

表5.9 《草船借箭》习作合作评价表

合作分工				
任务一　组长负责组织组员认真交流片段并根据评比要求进行打星。				
任务二　噪音控制员要督促组员控制好声音。				
任务三　记录岗负责将讨论结果记录在合作单上。				
任务四　时间控制员要帮助小组在规定时间完成任务。				
合作时间：4分钟				
合作评价单				
	1号同学	2号同学	3号同学	4号同学
内容要完整	☆	☆	☆	☆
重点要突出	☆☆	☆☆	☆☆	☆☆
意思准确	☆	☆	☆	☆
语言要简练	☆	☆	☆	☆
总计				
合作奖励任务：时间充足的小组还可以帮助组内成员修改。				

　　学生运用新学的有关缩写的方法，用15分钟的时间独自缩写《景阳冈》。接着每个学生都将自己的作文在小组内进行展示，小组同学根据评价单先独立评价，然后一起分享同伴的优点，提出改进建议。在交流中，笔者发现每个小组的同学都能准确地评价，表扬同伴的优点，诚恳地提出修改意见。激励学习最有效的手段是学习本身，因此，每个学生在交流过程中都显得很积极，全班交流后，也乐意把自己的作品改得更优秀。正如梅里尔在五星教学原理中所说的，学生在尝试应用中，通过教师的反馈和评价，能够积极改进技能，修正完善新知识，那就象征着他可以将新学到的东西融会贯通到生活中，把书本中的知识变成自己的本领。

　　以上案例中的知识"外化"和反思，均是以学习者为中心。可见，学习者不是被动地接受知识而要主动地参与到学习活动中去，只有这样,知识才能内化。语文是一门实践性很强的学科,因此,作为一线教师,在教学设计中一定要充分运用广阔的语言文字创造条件,为学生寻找运用、内化、巩固、展现知能的机会,让学生的阅读能力内化。

第六章　五星教学模式指导下的阅读教学课例

在第四、第五章，笔者结合课例片段阐述了在五星教学各原理中，结合不同成分技能所采用的具体策略，但我们知道，五星教学模式的五个原理是密不可分的，只有综合实施于一个教学任务中，才能真正起到3E作用。因此，本章将从五星教学模式在一篇课文和多篇课文中的实施，进一步论证五星教学在第三学段语文阅读课中的应用。如果说第四、第五章呈现的是"点"，那本章将是对"面"的介绍，展示一个完整的教学任务的实施。

一、课例《伯牙绝弦》——五星教学模式应用于一篇课文中的课例

为了更好地阐述五星教学原理在阅读教学中的运用，笔者将波纹环状教学开发模式（此内容已在第一章介绍）与阅读教学结合，编制了"基于五星教学原理的阅读教学设计模式"（见图6.1）。波纹环状教学开发模式是一种以任务为中心和以内容为优

先的教学开发程序。从图中可知，课堂教学环节就是紧紧围绕聚焦中心任务展开的，但中心任务是在一开始就根据教学内容、教学目标、教学重难点、学生情况的分析确定的。

结合波纹环状教学开发模式，图中的教学内容分析，包括教学成分分析。聚焦中心任务包括根据完整任务所形成的任务序列。

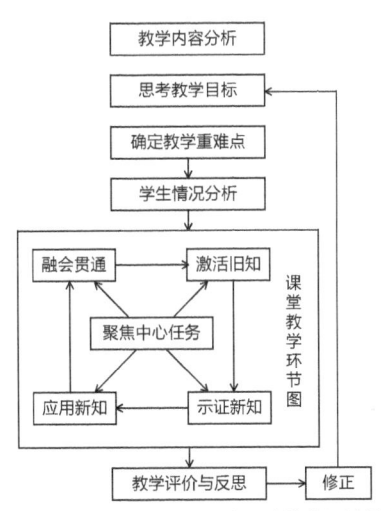

图6.1　基于五星教学原理的阅读教学设计模式

一、《伯牙绝弦》教学设计

虽然本课题重点研究五星教学对课堂教学结构的影响，但课堂教学实施的成败依赖于课堂教学设计。现以《伯牙绝弦》一课为例，结合图 6.1 这一模式阐述如何运用五星教学原理指导一篇课文的教学，包括课前的思考到课堂实施的整个过程。

（一）教学内容分析及教学目标、重难点的确定

1.确定教学内容（学习内容）

教学内容从根本上讲，就是学生的学习内容。《伯牙绝弦》一课是人教版六年级上册"艺术的魅力"单元中的第一篇课文。单元导语提出：学习本组课文，要注意体会课文表达的感情，欣赏各种艺术形式的美，培养热爱艺术的情操，还要学习作者展开联想和想象进行表达的方法。《义务教育语文课程标准（2022年版）》在第三学段阅读目标中指出："阅读诗歌，大体把握诗意，想象诗歌描述的情境，体会作品的情感。"

因此，需要通过课文的学习，让学生感受汉语言的精华，感受艺术的魅力。同时，通过对中小过渡期的文言文学习，让学生对汉语言的精妙有所感悟，也让处于价值观形成期的学生正确看待友情，形成积极的人生态度。

2.确定学习目标

学习目标是教学活动要达到的主要预期目标。它决定着教学设计的方向，也是教学活动的出发点。教师需要根据课程标准、学情、学习内容，结合三维目标制定的三个角度制定学习目标。所以本节课中，学生的学习目标如下：

①尽管处于第三学段，但识字教学依然是阅读教学不可忽视的内容，阅读能力要素的第一层级便是认读能力。特别是对于学生较少接触的两个文言感叹词。因此，本课的第一目标为：认读"哉""兮"两个生字并正确地朗读课文，做到读准字音、读通句子，达到完全正确的程度。

②习得学习文言文的方法是第三学段学生语文学习的重点。因此，本课的第二个目标为：借助注释、课外资料和朗读等方法，理解课文中"善""念""志""峨峨""洋洋"等词语的意思，完成作业本中的相关练习，准确率达到90%以上。

③结合单元目标及学段阅读目标和阅读能力要素，第三学段的学生要能展开联想和想象的表达方式，体会作者的感情。因此，本课的第三个目标为：用自己的话讲述课文中故事，运用联想和想象的方式，体会朋友间的真挚友情。

3.教学成分分析

梅里尔认为信息、成分、概念、程序和原理是可以通过教学获得的知识和技能。《伯牙绝弦》的知识对象主要的概念和原理组成。

要完成《伯牙绝弦》的完整任务，需要理解文言文的内容，因此对于本文中的感叹词"哉""兮"，以及同"意"不同字的"志""念"，同字不同"意"的"善"等汉字的概念性教学成分，运用信息呈现、尝试运用、指导点拨、矫正反馈等教学环节。同时，要最终完成中心任务，还需运用尝试应用、辅导支持等教学环节理解原理性教学成分。

(二)学生情况分析

1.学习者的认知准备状态

六年级的学生大约在12岁左右。根据皮亚杰的认知发展理论，这个年龄的学生处于具体运算阶段的末期，即将向形式运算阶段发展。也就是说他们即将从利用具体的事物、物体或过程来进行思维转向能利用语言、文字陈述的事物和过程为基础来进行思维的阶段。在认知加工风格上，随着年龄的增长，独立性逐年递增。独立性影响着思维独创性、灵活性、批判性等方面。

2.学习者的情感准备状态

学习者的学习积极性、学习动机和自我意识都属于学习者的情感特征。这个阶段的学生有一定的自制能力，乐于学习，也有了一定的适应力。但他们依然喜欢运用形象的方式，感觉学习材料并非离他们很远。到了第三学段，学生的自我意识逐渐增强，喜欢用批判的眼光看待问题，有时甚至还对教师、家长的正当干涉进行反抗和抵制，特别是这个阶段的男生尤为明显。在学习中，喜欢于探究中收获学习成果，获得学习成就，依然享受同伴和老师的赞赏。

3.学习者的先前知识

这是一篇文言文体裁的课文，也是学生在小学阶段通过语文课堂教学渠道接触的第二篇文言文。六年级的学生已经具有一定的预习能力和独立自主学习能力，能通过课前预习读通文章；能通过搜集资料，了解相关背景知识；能基本理解文章的意思。但毕竟才第二次在课堂中接触文言文，学生对于文言文中的感叹词"哉""兮"，以及同"意"不同字的"志""念"，同字不同"意"的"善"等汉字的运用，尚无法通过自学领悟，需要教师在课堂中进行引导。

其次，《伯牙绝弦》一课讲述了千古流传的高山流水遇知音的故事，是交朋结友的千古楷模，它流传至今并给人历久弥新的启迪。正是这个故事，确立了中华民族高尚人际关系与友情的标准，但由于六年级学生视野的局限性及人生阅历的不足，对《伯牙绝弦》的历史背景及文章所谈及的"友情"理解尚不到位。因此，课堂上，需要教师通过序列问题，指导学生了解汉语言的精妙，体会作品的感人情境和形象，激发学生的学习兴趣，提高学生的审美情趣。

（三）聚焦完整任务及形成任务序列

梅里尔在五星教学原理中指出，为了让学习得以促进，必须让学习者进入到解决生活实际问题中。因此，确定一个与学生现有生活情境相关的任务是核心。而且课堂教学环节紧紧围绕完整任务排序、展开，确定一个贴合学生的实际生活的完整任务，让他们感觉任务是真实的，是能操作和有意义的，这点很重要。全文连同标点符号在内尚不足百字，但对"士为知己者死"这一真知己的境界阐释得入木三分。题目《伯牙绝弦》中的"绝"一字就是文眼。所以，本课的完整任务是：围绕"绝"，体会知音难觅的真知己的境界。相信学生在完整任务驱动下，会学得更高效，更投入。

在课堂教学中，需要把完整任务分解成一个个由简单到复杂的任务序列，让学生在问题的层层推进中掌握知识，最终解决完整任务。本节课的完整任务是：围绕"绝"，体会知音难觅的真知己的境界。根据此完整任务，笔者设计四个任务序列（见图6.2）。由图6.2可见，四个任务都是由完整任务生发出来的，五星教学原理的五个步骤正是课堂框架。

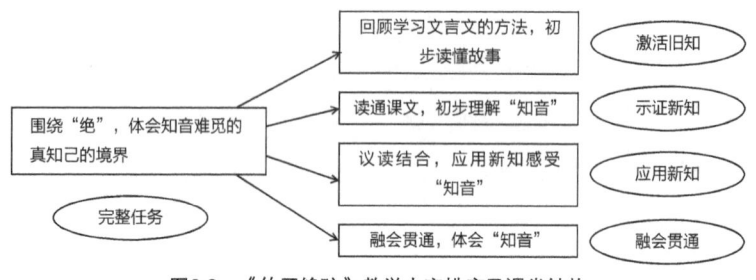

```
围绕"绝",体会知音难觅的     →  回顾学习文言文的方法,初步读懂故事     激活旧知
真知己的境界                →  读通课文,初步理解"知音"              示证新知
完整任务                    →  议读结合,应用新知感受"知音"          应用新知
                            →  融会贯通,体会"知音"                  融会贯通
```

图6.2 《伯牙绝弦》教学内容排序及课堂结构

二、《伯牙绝弦》教学实施及分析

五星教学模式要求根据学习的结果选择教学适配的策略。根据教学内容选择有效的激活、示证、应用、融会贯通策略。接下来将一一分析。

【板块1：聚焦完整任务】

一、聆听音乐，激发兴趣

1.（播放古曲《高山流水》）闭上眼睛，听着这段音乐，你眼前仿佛出现了什么画面？许多同学似乎已经进入了乐曲为我们所描述的世界了。哪位同学知道这首曲子的名称吗？

2.今天我们要学习的是一篇和音乐有关的课文，讲的是发生在2000多年前的春秋时期的一个故事。谁来读读课文的题目？（板书：伯牙绝弦）（注意：弦(xián)正音）

3.看着课题，谁能猜猜题目是什么意思？

4.题目中，哪个词语引发了你的思考？是呀，为什么伯牙要"绝"弦呢？课文到底表达怎样的情感？

【分析】聚焦完整任务是要帮助学生主动参与到聚焦任务的教

学策略中来促进学习。本课围绕学生的质疑点及根据文体的情感熏陶，抓住"题眼"明确完整任务。笔者采用直接语言感知的方式"为什么伯牙要'绝'弦呢？课文到底表达怎样的情感？"让学生在上课伊始就知道自己为什么要学。这也是聚焦完整任务中需完成的交待学习任务。特别是第三学段的学生，学习的针对性比学习活动的丰富性和多样性更能影响学习的主动性和效果。

【板块2：激活旧知】

二、回忆方法，激活旧知

1.同学们昨天已经预习过课文了，你们有没有注意到这篇课文是什么文体？（文言文）

2.五年级的时候，我们也学过一篇同样文体的课文《杨氏之子》。谁能说说学习文言文有哪些经验吗？（第一看插图，第二读注释，第三要联系上下文、借助工具书等）

【分析】"激活旧知"是为了帮助学生无论是从情绪还是知识的角度都能顺利过渡到新知的学习。《伯牙绝弦》是一篇文言文，对六年级的学生有难度。在课堂一开始，笔者运用多媒体播放与课文有关的古曲《高山流水》，拉近学生与课文的距离，更重要的是让学生在一种轻松的心情中进入课文的学习。同时，利用预习单中的问题"你们有没有注意到这篇课文是什么文体？""谁能说说学习文言文有哪些经验吗？"激活学生学习文言文的旧知，同时也帮助一部分遗忘旧知的学生进行知识补救。在课堂中，学生对于注释、看插图、借助工具书、联系上下文等方法能直接回忆。这些文言文阅读的方法将帮助学生更好地读懂《伯牙绝弦》，解决完整任务。

激活旧知环节中,无论是媒体的使用,还是对于预学单的反馈,都充分考虑学生参与度,以激发所有学生的参与热情和主动建构意愿为基础,达到了"激活旧知——引导入门"的效果。

【板块3:示证新知】

三、读通课文,初步理解"知音"

(一)一读全文,初通大意

1.下面请同学们打开书本自由朗读课文,要求读准字音,读通句子。

2.第一遍读,就能读得这么准确,真好,尤其是把课文中的两个生字读准了。同学们知道是哪两个字吗?(板书:"哉""兮")

3.你有没有发现这两个字在课文中的共同特点?(都是语气助词)

4.你是怎么知道的啊?(看注释)

5.对,看注释是学习文言文的一种很好的办法。读文言文当中的语气助词的时候往往可以拖得长一些。谁来试试?(再读"善哉,峨峨兮若泰山"一句,个别读,齐读)

(二)范读导航,理解字意

1.按照现代文的朗读标准,同学们已经读得非常好了,可是作为古文,我们还应该读出文言文的韵味儿。跟我一句一句读。(带领学生诵读全文)

2.同学们再自己练一练。(学生大声地自由朗读)

3.指名读。(突破朗读难点:伯牙谓世再无知音,"谓"是什么意思?)

（三）三读全文，理解文意

1.同学们读得相较第一遍进步了很多。下面我们再一起有滋有味地来读读课文。要把伯牙、子期之间那种遇知音、互欣赏的意境读出来。（生齐读）

2.几遍读下来，你们知道这篇古文大致讲了一件什么事了吗？（指名交流）

3.师小结：是这么一件事。看来，"读"就是一种很好的学古文的方法。你看同学们才读了几遍课文就能把文章的大致意思说明白了。

（四）阅读资料，了解典故

1.同学们是否知道，这篇古文包含着一个流传很广的传说，我们课文后面的"资料袋"中就记录了这个传说，请同学们打开课文第138页，看看资料袋中都说了些什么。（生翻至课文"资料袋"处，阅读）

2.知道这是一个关于什么样的传说了吗？（知音）（板书：知音）

3.课文中的知音指谁和谁？（俞伯牙和钟子期）（板书：俞伯牙、钟子期）

【分析】此环节提供"读是学习文言文的好方法"的很好样例。同样是读，我们发现教师层层推进，每次读，教师都围绕初步理解"知音"，提供学习指导。可以说为学生呈现"读"是学习文言文的好方法，是达成完整任务的非常重要的一步。

在示证新知过程中，笔者运用问题导航，"把课文中的两个生字读准了。同学们知道是哪两个字吗？"、"伯牙谓世再无知音"

一处的停顿、"几遍读下来，你们知道这篇古文大致讲了一件什么事了吗？"等几个细节刻画，运用范读、显红等方式，生动地进行示证。

【板块4：应用新知】

四、议读结合，应用新知

（一）紧扣词句，感受"知音"

1.从文中的哪些地方你看出了他们是知音，请你把这些地方画出来。

（生默读思考，画句子。稍后请一位学生读出自己所画的句子）

课件出示：

> 伯牙绝弦，志在高山，钟子期曰："善哉，峨峨兮若泰山！"志在流水，钟子期曰："善哉，洋洋兮若江河！"伯牙所念，钟子期必得之。

2.请同学们再读读这些句子，从哪些地方你读出了他们是知音？

3.交流。

> 伯牙所念，钟子期必得之。

（1）哪个字是心里想的意思？（念）

（2）你有没有发现在这几句话中，还有一个字和"念"的意思是一样的。（志）

> 伯牙绝弦，志在高山，钟子期曰："善哉，峨峨兮若泰山！"志在流水，钟子期曰："善哉，洋洋兮若江河！"

(3)小结:是的,在文言文当中,两个不一样的字有时表达同一个意思。

4.重点理解字词。

(1)重点理解"峨峨兮""洋洋兮",随机朗读指导。

(2)重点理解"善哉"。

①"善哉",用现在的话说是什么意思?(好,表示感叹。)谁来读读这个词?(指名读、齐读)

②刚才我们说,"善哉"的"善"在这里是"好"的意思,但你们有没有发现课文的第一句说"伯牙善鼓琴",这个"善"在这里是什么意思呢。(擅长)

③你们是根据什么来确定它是"擅长"的意思的?(联系上下文)

④师小结:同样一个字,我们可以通过联系上下文的方式来读懂它在文章中的不同的意思。

(二)扩展词句,尝试迁移

1.伯牙在鼓琴的时候,表现的应该不仅只有高山流水。同学们可以设想一下,伯牙绝弦,当他志在清风时,如果你是子期,你会怎么说,我们来试试看。

教师出示课件:徐徐清风 袅袅炊烟 皎皎明月 皑皑白雪

伯牙绝弦,志在____,钟子期曰:

"善哉,_____!"

2.师生合作填写。(个别—男生—女生—全班合作)

3.师小结:是的,就是这样,伯牙所念,钟子期——必得之。

(板书：所念 必得之)

（三）阅读资料，加深理解

1.你们知道吗？伯牙和钟子期这对知音并没有经过多年的交往，他们只是在一个夜晚偶然相遇。让我们来看一段资料。

出示课件：

> 伯牙是楚国著名的宫廷乐师，名遍天下。虽然听者众多，他却始终觉得无人真正听懂他的琴声。
>
> 有一天，他独自一人来到山涧排遣内心的孤独和寂寞。中秋之夜，伯牙泊船在山崖下抚琴一曲，在山间砍柴的钟子期被其琴声所引，来到船旁。令伯牙万万没想到，钟子期，一个山野村夫，竟如此懂得他的琴声。

2.此时，此地，此人。钟子期一个山野村夫，竟听得懂他的琴声。此时，伯牙的心情如何？

3.学生交流。（激动、愉快、兴奋……）

（四）换位写话，内化"知音"

1.他把这种激动与欣喜万分化作了高山流水，此时，你若是伯牙，你想对子期说些什么？以"我想说"开头，把自己想写的话写在插图的边上（出示课件）。

2.交流。

3.在这个时候，子期听懂的不仅仅是伯牙的琴声。他们还只是一对音乐上的知音吗？

4.所以，伯牙和子期多么想像高山流水一般相伴而行、促膝长谈。他们约定来年再在此地相会。第二年，伯牙如期赴约，他兴冲冲地来到相约之地，等啊，盼啊，但是，他等来的却是一块冷冰冰的墓碑。伯牙听到这样的消息，你觉得他的心情怎样？（悲

痛、失落、绝望)

5.师生合作朗读。

(1)子期再也听不到伯牙的心声了,当伯牙绝弦,志在高山时,再也没有人会像子期那样说——善哉,峨峨兮若泰山!

(2)当伯牙绝弦志在流水,再没有人会像子期那样赞曰——善哉,洋洋兮若江河!

(3)子期死,伯牙在这个时候做了一个极端的决定,乃——破琴绝弦。(板书:死 绝弦)

【分析】应用新知环节是让学生在练习运用中检测自己是否领会知识,是学生将新知内化的关键一环。在本环节中充分抓住应用新知原则的五个标准:紧扣目标操练、运用教学反馈、促成实际表现、提供学习指导、强化同伴合作,利用举一反三、模仿写话等策略达成。

应用新知环节是本节课具体展开的环节,从这个环节,我们不难看出教师的作用渐渐弱化。整个环节中以一个问题贯穿"从文中的哪些地方你看出了他们是知音,请你把这些地方画出来"。只是当学生碰到困难时,教师适时借助媒体(背景资料、音乐)提供学习指导。这也是"如何做"成分技能所需要的执行任务,即让学生自己运用示证时习得"读是学习文言文的好方法",尝试自己运用"读"到文章中找相关句子来理解"知音"。

笔者运用这一问题,让学生再次读课文,在同伴讨论交流中理解"念""志"表示同一个意思,知道"善"在文中有两个意思,可以说是应用新知对文章的进一步理解,也促成完整任务的达成。

同时,应用新知环节也是将"知音"这一原理知识内化的过程。在前一个版块中,学生借助背景资料知道本文讲述了"知音"的故事,但对于"知音"这一原理性知识只是停留在表面,本环节通过学生阅读、教师提供相关背景资料、同伴交流等方式,学生主动内化理解"知音"。在这一环节,笔者运用了举一反三、模仿写话的方式,理解"知音"。如伯牙绝弦,志在____,钟子期曰:"善哉,_____!"

同样是读中理解,同样是围绕"知音"展开学习,我们发现此环节难度逐渐增加,以致师生合作朗读的环节,已经是融入情感的深层朗读,学生对"知音"的理解在内化。

【板块5:融会贯通】

五、融会贯通,体会"知音"

1.破琴绝弦,使高山流水终成绝响。如今,高山流水乐曲依旧,人世间却多了一段知音的千古佳话。真可谓"道是无琴却有情"!让我们一起来背诵本篇课文,如果背诵有困难的,可以看着大屏幕上显示的课文读。能背诵的同学眼睛看着我,我们一起和着高山流水的音乐来朗诵一下。

2.学了课文,联系你的生活实际,说说你对"朋友"或"知音"的认识。

【分析】融会贯通原则就是引导学生将新学到的知识迁移到日常生活区,通过自我反馈反思形成对客观的认识和解决实际问题的方案。

此环节让学生试着有感情地背诵,是对教学效果的检测。同时,"学了课文,联系你的生活实际,说说你对'朋友'或'知音'的认识。"这一问题,运用链接现实问题的策略,让处于成长期的学生对"朋友"有更深的认识。这种面向学生生活，用课文传递的道理指导现实生活的问题是第三学段阅读教学中融会贯通环节经常使用的方法，也是实效性非常好的方法。

二、《山中访友》一组课文——五星教学模式应用于多篇课文中的课例

一、人教版六年级上册《山中访友》一组课文的教学设计

语文学科大多以单元的方式呈现。以人教版教材为例，教学内容按单元主题进行编排，特别是第三学段的单元导语，在第二学段的基础上加入了学习要求，因此往往存在几篇课文中运用五星教学模式。同时，为了更好地应用新知，有些教师会选择以一篇课内文章加一篇课外文章的方式进行教学。

和《伯牙绝弦》一样，为了更好地开展课堂教学，需要根据五星教学模式的阅读设计确定教学需要、学生分析、内容分析等，本节将不单独论述。现以《山中访友》一组课文为例，阐述如何将五星教学模式应用于多篇课文中。

如表6.1所示，人教版六年级上册第一单元"感受自然"的单元导语中显示"注意体会作者是怎样细心观察大自然的，有哪些独特的感受；还要体会作者是怎样展开联想和想象，表达这些独特感受的"。虽然有学习要求，但不难看出此要求还是从知识和技能的角度出发的。而且单元中的每篇课文的课后习题与单元学习目标向心性不够，且篇与篇之间相对独立。这样安排教学内容的

优势是为学生提供了描写自然景观的多篇文章，使学生对知识点有形象的认识，但劣势也很明显。由于把四篇课文作为一个看似孤立的教学内容设置思考题，教学时容易各自为阵，这样做有悖于知能的完整性，同时不利于学生对于知能的迁移和应用。

表6.1 人教版六上一单元教学内容排序

单元主题	单元导语中学习要求	课文	课后习题（阅读连接语）
感受自然	注意体会作者怎样细心观察大自然，有哪些独特的感受，体会作者怎样展开联想和想象来表达独特的感受	《山中访友》	找出"我"和山里"朋友"有着深厚感情的句子描写，结合自己的体验交流学习体会
		*《山雨》	学习细致观察，借助联想和想象写出山雨的韵味和作者对山雨情感的方法
		《草虫的村落》	以作者目光为序，说说自己看到的和印象深的内容；能结合文中描写体会作者丰富的想象和独特感受，注意联系实际谈出体会
		*《索溪峪的"野"》	从课文中的描写体会索溪峪的"野"，感受与自然对话，欣赏自然的美

五星教学模式中"波纹环状教学设计"主张以面向完整任务为中心，注重知能的整体学习、迁移和应用。笔者觉得人教版六年级上册第一单元完全可以运用五星教学模式将整组课文作为一个完整的学习任务，并围绕中心任务进行单元教学内容排序。

通过课程标准和单元导语，设置完整任务中心：体会联想和想象在表达上的妙用，感受大自然的特点，并能运用这样的表达方式描述自己看到的大自然景观。然后针对此中心任务，进行任务排序。笔者将四篇文章重整，任务呈现的顺序为精读课文《山中访友》《草虫的村落》，再略读课文《山雨》《索溪峪的"野"》。

首先，认清精读课文、略读课文的不同。精读课文以传授本质的、带规律性的知识为主要特征，略读课文是学生阅读能力得以锻炼的载体，重视学生的质疑解疑的能力，给学生更充分的时间和空间进行问题讨论的学习。略读课文并不是教师全部放手，适时的引导、反馈是不可或缺的，只是略读课文是让学生尝试应用的过程。

其次，根据梅里尔提出的"不同主题的内容教学的策略排序"（见表6.2），指导我们运用五星教学模式对单元课文进行排序。从表6.2可以看出，如果这个单元的技能比较好理解，一篇课文进行简单的讲解和示证可能就已经足够了，后面几篇课文可以进行练习；如果成分技能（主题2）学习技能相对难一点，要在后续的任务中加入额外的示证才能被理解；有些成分技能（主题3）在后续的任务中还需要补充额外的信息，所以这些任务就需要额外的讲解和示证；有些成分技能（主题4）在序列中前面的任务中不会用到，但是在后续的任务中会被引入（讲解/示证）；有些成分技能（主题5）过于复杂，以致完整任务中所包含的实例都不足以使学习者理解概念或程序，在这种情况下，就需要提供一些不包括在任务序列中的额外的实例来示证或操练。[①]

表6.2 不同主题内容教学的策略排序[②]

	任务1	任务2	任务3	任务4	任务5
主题1	讲解/示证	练习	练习	练习	练习
主题2	讲解/示证	讲解	练习	练习	练习

---

① 盛群力,宋洵.走近五星教学[M].济南：山东教育出版社,2010:33.
② 同上.

续表

	任务1	任务2	任务3	任务4	任务5
主题3	讲解/示证	讲解/示证	讲解	练习	练习
主题4		讲解/示证	讲解/示证	讲解	练习
主题5		讲解/示证	练习	练习	练习

由此，发现教学的策略排序取决于单元成分技能的难易程度。由于《山中访友》运用的联想和想象主要通过学生比较熟悉的比喻、拟人、排比等方式，是一个相对简单的任务样式，因此把《山中访友》作为示证新知的一个简单样例。《草虫的村落》更多运用了拟人，同时这篇课文中有现实和联想的变化点，也就是作者的视角发生变化，是另一种联想和想象的方式，因此把《草虫的村落》也作为示证新知的一个例子，与《山中访友》略微不同的是，《草虫的村落》需在阅读中尝试运用想象的方式去理解。作为略读课文的《山雨》和《索溪峪的"野"》都是作为应用新知的环节存在的，但不同的是《山雨》加入了对于篇章结构的把握，因为这是达成中心任务必须掌握的能力，教师在学生应用新知的过程中随机讲解了联想的另一种方式（见闻和联想的结合）。也就是说《山雨》是简单的应用新知（加入了描写顺序），也是个更接近于完整任务的练习；《索溪峪的"野"》是一个更为复杂的应用新知，让学生从写作者的角度思考阅读、转述索溪峪。在融会贯通环节，就是让学生自己搭建框架，然后选择其中的一处景观，运用联想和想象描写自然景色。可以说，《山中访友》是教师"扶"的最多的示证，最后学生动笔创作，则是学生百分百的投入。

在完整任务的指导下，笔者重新安排了整个单元教学课时。作为示证新知的样例的《山中访友》用1.5课时完成，然后将《草虫的村落》作为第二个任务,用1课时完成,《山雨》《索溪峪的"野"》共用2课时完成。最后融会贯通,独立创作用1到1.5课时完成。这样围绕一个任务打通单元教学,不仅省时,而且高效。这便是五星教学模式给传统教学带来的最大的好处。

表6.3 运用五星教学模式的第三学段阅读教学内容排序(单元)

任务	相关知能(学习、迁移、运用)	意图
中心任务:体会联想和想象在表达上的妙用,感受大自然的特点,并能运用这样的表达方式描述自己看到的大自然	运用合适的联想和想象,包括拟人、比喻等,写出大自然的特点。 能运用一定的描写顺序——	在学习一开始便呈现中心任务,同时教师紧紧围绕中心任务排序任务,最终帮助学生学会迁移
任务1:《山中访友》作者如何运用联想和想象把他对大自然的喜爱表达出来?	老桥——联想(包括比喻) 树林——联想(包括拟人、物我融一);运用比较,感受联想的妙用 与大自然朋友见面——拟人、排比,让学生运用想象拓展	此任务教师"扶"的较多,关键在于认识联想及体会联想的妙用
任务2:《草虫的村落》应用新知时再示证新知,运用把整个草虫村落当成人的世界写的方法,感受联想和想象妙用;同时关注现实和联想的变化点	运用找关键词,联系生活的方式感受草虫村落的神奇。 寻找课文中现实和联想、想象的变化点。 我们眼中细密的草茎,在作者笔下是_____。 我们眼中一只黑甲虫,在作者笔下是_____。我们看到它在草丛中迷失方向乱窜,在作者笔下是_____	尝试应用新知——运用变式练习,寻找联想,感受妙用,同时示证:将这个草虫的世界当成人来写
任务3:《山雨》独立阅读,知道文章按照时间顺序从几方面写山雨的特点	独立批注,合作讨论: 看看这部分写了雨中的哪些景色,体现了雨什么样的特点。 抓关键词,联系生活想象阅读。用批注的方式记录	这是应用新知环节,教师的指导主要体现在反馈和反馈中的指导

续表

任务	相关知能（学习、迁移、运用）	意图
任务4:《索溪峪的"野"》撰写导游词,介绍索溪峪的"野"	运用联想和想象的表达方式,写出索溪峪的"野"	这个应用新知环节开放度更大,是走向融会贯通的尝试练笔
任务5:运用联想和想象的方法,撰写大自然一处景观	运用联想和想象的表达方式,写出景观的特点	让学生将此表达方法运用到实践中,达到融会贯通

二、人教版六年级上册《山中访友》一组课文教学实施及分析

【板块一：激活旧知】

1. 呈现一组大自然的图片，感受大自然的风姿。

2. 说说让你印象最深的一处大自然景观。

3. 想想我们学过哪些方法描写景观？

【分析】此环节为激活旧知，充分体现学习内容与学生现实生活的紧密联系。运用几处比较有代表性的景观的图片，通过欣赏，帮助学生联结生活体验，激发学生学习知识的兴趣。"说说让你印象最深的一处大自然景观"一问，激活学生原有生活及相关的旧知表达。这是非常关键的一步，让学生真正地为用而学，而且这单元学完后，学生就将独立描写印象深刻的自然景观。

"想想我们学过哪些方法描写景观"一问，指向于文章的表达，也与本单元任务有关联性。学生有的从文章整体入手，说到了四年级学的游记《颐和园》《秦兵马俑》等，有的从文章描写入手，可以运用比喻等。可见这一问激活了学生相关的知识体系，

便于通过学习，完善这一知识体系。

【板块二：聚焦完整任务】

1.呈现本单元四篇课文的题目，阅读单元导语，明确完整任务：体会作者如何运用联想和想象把独特的感受表达出来，并运用这样的方法写一写让自己印象深刻的一处景观或景点。

2.展示通过学习后，以前学生完成的作品。

【分析】通过阅读单元导语及教师的语言，告知学生完整任务。由于这一完整任务是为了帮助学生更好地表达自己看到的自然景观，真正基于学生的需求，有现实生活的基础，因此对中心任务的学习具有指向性。

同时，呈现以前学生通过学习后完成的作品，运用真实的、形象的完整任务展示，告知学生本单元最终需要呈现的成果，大大激发学生的学习欲望。特别是让学生先说了印象最深的景观，学生感觉到自己描述的有限性后，这一完整任务的呈现，点燃了学生内心的求知欲和学习激情。

【板块三：示证新知】

1.默读《山中访友》，思考作者到底去山中访了哪些"友"。朗读全文，并画圈。

2.找找从哪些描写中可以看出"我"和山里的景物是朋友？

（1）括出相关句子。

（2）画关键词。

（3）反馈方式：先有感情地读句子，然后抓住关键词说自己的理解。

3.交流。

(1)呈现图片,体会比喻的好处。

面对这样一座古老的石桥,作者想到了什么?这样写有什么好处?

(2)运用比较,体会拟人的好处。

走进这片树林,鸟儿<u>呼唤我的名字</u>,露珠<u>与我交换眼神</u>(画横线处显红)。

走进这片树林,鸟儿在鸣叫,露珠发出闪闪的光亮。

(3)运用朗读,体会物我相融的好处。

我靠在一棵树上,静静地,仿佛自己也是一棵树。我脚下长出的根须,深深扎进泥土和岩层;头发长成树冠,胳膊变成树枝,血液变成树的汁液,在年轮里旋转、流淌。

(4)运用变式比较,体会排比、第二人称的好处。

把第五自然段排列成诗歌的形式,在比较中感受。

【分析】通过成分分析,我们知道完整任务属于"如何做"。因此,示证什么是联想是非常重要的一环。《山中访友》是本单元的第一课,也是学生"学习联想和想象"的第一篇课文,因此以本课为范例,进行联想和想象的示证。不仅让学生知道什么是联想和想象,联想和想象的几种方式,更让学生体会这种表达方式的好处。

在这个环节中,笔者运用讲解为主的示范,辅以比较、媒体等方式,理解联想这种表达方式的优势。如在体会联想中的拟人修辞手法时,笔者将课文中句子与"走进这片树林,鸟儿在鸣叫,露珠发出闪闪的光亮"进行比较,然后显红"呼唤我的名字""与我交换眼神"，让学生感受到把动物当成人写，可以把对景色的喜爱表达出来。"我靠在一棵树上，……在年轮里旋转、流淌"一句，也运用了联想和想象，但作者运用了把人当作树来写的拟物的修辞手法。这是学生很少会用到的修辞手法。教师采用示范朗读的方法，让学生在聆听中感受，体会物我相融的好处，让学生在体会时，找到物我相连的点，比如"仿佛"等。

通过这篇课文的示证，学生了解了联想和想象可以用比喻、拟人、拟物、排比、第二人称等方法。可以说，学生在学习前，对于景观描写运用比喻和拟人并不陌生，但通过这篇课文的学习，不仅知道比喻和拟人属于联想和想象的一种，更收获了联想和想象的其他表现方法，也对激活新知环节的知识体系有进一步的完善。

【板块四：应用新知时再示证新知】

一、默读全文，用标题理清脉络

1.利用课题和这句话结合在一起说说课文的主要内容。

2.快速浏览课文，哪个自然段到哪个自然段写了这段奇异的游历？

3.再次默读第2～9自然段，你在"草虫的村落"看到哪些画面？试着用自己的话概括。先独立思考，再四人小组讨论。全班交流、学生板书。

二、抓关键词，用想象走近文本

1.从课文的结尾进入，跟着小虫来一次游历。先独立阅读文章，再小组交流。

温馨提醒：

（1）选择一到两个印象深刻的画面，细细品味。

（2）运用抓关键词，想象写批注的方式，读出画面。

（3）汇报形式：读小组修改后的批注、感受、合作朗读等。

2.交流（以学生交流为主，教师适时引导）。

"游侠归来"（聚焦"寒暄""游侠"）

• 你也觉得它是个"游侠"吗？从哪儿感受到的？（傲然地前进着、左冲右撞）

• 如今游侠终于远游归来了，你想象一下，他会跟村民怎么互相打招呼？

• 让我们也跟这个可爱的小甲虫寒暄几句吧！

"迎接游侠"（聚焦"意味深长地对视"）

• 那只娇小的甲虫是谁？从他们意味深长的对视中，仿佛听到他们在说什么？

• （联系生活，理解"驻足痴望"）这样驻足痴望的目光我们人类熟悉吗？在哪儿能碰到？从"驻足痴望"中，我们感受到了他们对圆虫的（羡慕、喜爱）。

"和谐相处"（聚焦"谈得很投机"）

• 谈得很投机，会谈些什么？这样的情景我们熟悉吗？（看来是这里热情好客的村民吸引了远方的来客）

"演奏音乐"

• 听到这样的音乐，我们会怎样？（鼓掌、赞叹、惊叹）为什么？（演得那样全神贯注，而且这种音乐只有昆虫才能演奏）

3.默读文章后填空，寻找联结点。

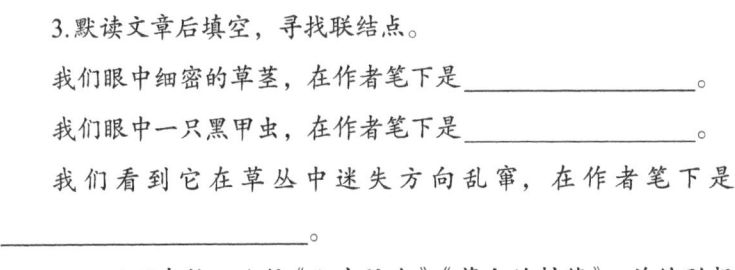

我们眼中细密的草茎，在作者笔下是_____。

我们眼中一只黑甲虫，在作者笔下是_____。

我们看到它在草丛中迷失方向乱窜，在作者笔下是_____。

三、运用表格，比较《山中访友》《草虫的村落》，总结联想和想象（见表6.4）。

表6.4 《山中访友》和《草虫的村落》异同点

	不同	相同
《山中访友》	1.按照自己访友的顺序——描写。 2.运用了比喻、拟人、排比的修辞手法。	1.运用联想和想象，将见闻写得更生动，不同于一般游记。 2.题目运用拟人的手法。 3.作者对描写对象融入情感。
《草虫的村落》	1.以小虫的视角，按照一定的行进路线描述看到的画面。 2.整个游历的过程，就是联想、想象。 3.文中有从现实到想象的过渡的标志。	

【分析】五星教学原理指出，有时候虽然没有示证新知，但配有应用新知环节，这样的应用新知如果配上矫正型反馈，也能够起到示证新知的效果。[①]由于有了《山中访友》的范例，学生对联想和想象有了一定的认识，"如何做"的成分新知，必须有执行任务。因此本节课让学生先独立学习，再以小组合作讨论的方式选择一到两个印象深刻的画面进行学习，这就是运用联想和想象的方式读文章，也是尝试应用的过程。在这个环节中，学生聚焦"寒暄""游侠""意味深长地对视""驻足痴望""谈得很投机"这几个运用拟人手法的地方展开学习，教师适时引导：如今游侠终

---

① 盛群力,宋洵.走近五星教学[M].山东教育出版社,2010:53.

于远游归来了,你想象一下,他会跟村民怎么互相打招呼?这样驻足痴望的目光我们人类熟悉吗?在哪儿能碰到?等等问题,让学生对接自己的生活,感受联想的好处。

同时在尝试应用中,笔者运用序列问题,引发学生思考。如"我们眼中细密的草茎,在作者笔下是_____。我们眼中一只黑甲虫,在作者笔下是_____。我们看到它在草丛中迷失方向乱窜,在作者笔下是_____。"为学生寻找联想联结点,提供学习指导。然后通过填写《草虫的村落》和《山中访友》的异同,在同伴讨论与教师的指导下,帮助学生梳理运用联想和想象表达异同,也是学生接下来应用新知的支架。

这个环节,学生在应用新知中对想象和联想有了更深的认识。同样是写大自然的景物,两篇文章都运用丰富的联想和想象,融入自己的情感,但两篇文章又各具特色。这正符合应用新知原则所需要的,提供了变式练习。相信有了这两篇文章的学习,学生对如何用联想和想象的方法描写大自然会越来越清晰。

【板块五:应用新知1】

1.用你喜欢的阅读方式阅读《山雨》,思考:

(1)作者是按怎样的顺序把这场山雨介绍给我们的?

(2)主要介绍了山雨的哪两个方面?

2.认真读课文,想一想作者是怎样细致观察、用心倾听山雨的,字里行间表达了怎样的感情?当学生有困难时告知:画出有感受的句子,体会其中蕴含的情感及语言表达色彩,作简单批注。

3.你眼中的雨又是怎样的呢?用几句话写下来吧!

提示:可以用自己的话写,也可以用课文中和课外收集的语句。

【分析】应用新知原理需要紧扣任务进行。从这个环节看，课堂紧紧围绕如何描写山雨进行，为了让学生学会运用联想和想象的方式，呈现变式问题"想一想作者是怎样细致观察、用心倾听山雨的，字里行间表达了怎样的感情"，看似和示证的问题不一样，其实依然是让学生体会联想和想象的好处。《山雨》一课，教师的活动明显减少，体会联想和想象环节，笔者让学生运用批注的方式，合作讨论进行。教师的工作只是反馈与适时指导，如当学生交流到"这清新的绿色仿佛在雨雾中流动，流进我的眼睛，流进我的心胸"一句时，教师引导学生思考"作者看到了什么，想到什么"，这是最难的联想表达方式，先描述见闻再用上连接词"仿佛"写上联想的内容。这一变式，让学生对联想又多了些认识。

同时为了给融会贯通做准备，笔者在默读环节，引导学生思考文章的行文顺序及从哪个方面介绍山雨，让学生对文章的结构有所关注。

【板块六：应用新知2】

1.围绕着索溪峪的"野"，作者写了什么？你可以用思维导图表示吗？先自己思考，再合作小组讨论。

2.请选择"水野""动物野""游人野"中的一个方面，结合有关自然段的内容，用联想和想象的方式把索溪峪的"野"表现出来。

3.师生点评：哪些地方运用了联想和想象？这些联想和想象让你感受到索溪峪的"野"了吗？

【分析】这是学生学习联想与想象的最后一篇课文，教师从扶到放，逐渐放手。在这四篇课文的教学中，这篇文章是学生自主学习时间最长的。这也正符合五星教学原理应用新知指出的只有向学习者提供辅导并且遵循从扶到放之间独立的原则，应用新知才能收到实效。

在此课的学习中，主要围绕两个小任务进行：用思维导图梳理文章内容；选择索溪峪的一个方面，运用联想与想象的方式介绍。这一练习，不仅需要学生理解课文中运用联想和想象描述索溪峪的"野"，还需要学生内化语言，用另一种方式把自己体会到的美景用新学的技能表述出来。运用联想和想象把课文中索溪峪的"野"转述出来，可谓是最接近完整任务的任务。

学生经历一次练习，然后通过紧扣任务目标的反馈"哪些地方运用了联想和想象？这些联想和想象让你感受到索溪峪的'野'了吗？"，相互点评、表扬，也借助两个问题反思自己是否掌握"如何做"的成分技能。当然在反馈时，笔者会追问"这是哪种联想和想象？"，帮助学生再次回顾比喻、拟人、拟物、排比、见闻加联想等方法。这节课，学生忙着思考、讨论、练笔。这正符合五星教学原理提到的应用新知时，需要引导学习者如何检查和改正错误，才能促进学习。

【板块七：融会贯通】

1.运用本单元学习的描写大自然景观的方式，写一写让你印象深刻的一处景点（见表6.5）。

表6.5 人教版一单元习作评价表

合作分工
任务一 组长负责组织组员认真交流片段并根据评比要求进行打星。
任务二 噪音控制员要督促组员控制好声音。
任务三 记录员负责将讨论结果记录在合作单上。
任务四 时间控制员要帮助小组在规定时间内完成任务。
合作时间：4分钟

合作评价单

	1号同学	2号同学	3号同学	4号同学
运用联想和想象	☆	☆	☆	☆
联想和想象凸显景观的特点	☆☆	☆☆	☆☆	☆☆
语言生动	☆	☆	☆	☆
总计				

合作奖励任务：剩余时间多的小组还可以帮助组内成员修改。

2.写完后，根据评价表，小组互评，再独立修改。

【分析】梅里尔在五星教学原理中提出，当学习者能及时地将新学到的知识技能应用到日常生活中来解决问题，那么所学到的东西就会更加牢固可靠。作为教师，需要寻找将课堂学习的知识扩展到生活世界的路径。本单元的完整任务属于程序性知识，因此，最终需要学生能独立运用技能描写景观。

本环节"运用本单元学习的描写大自然景观的方式，写一写让你印象深刻的一处景点"就是让学生通过课堂中习得的表达方法，表述自己生活中见过的一处景观，为自己的生活留下痕迹。这完全是在无教师指导下进行的，而且具备了相当程度的独创性。

从学生的作品看，学生基本掌握了各种联想和想象的方式，有的还在文章结构上模仿课文。如宋博闻的《蚂蚁王国》中："清晨，温暖的阳光风干了昨夜的露水。我躺在一片草地上沉浸在自己的世界里。忽然，眼前的世界变大了，低矮的草地犹如一座一望无际的森林，有一股幽森、静谧的感觉……"庞正一的《缸中的世界》中："我趴在缸边，观察着缸里的相手蟹。不知不觉间，空间放大了，一个蟹屋慢慢变成了宫殿。由瓦片盖成的宫殿，又铺满鹅卵石，必然是蟹王才能居住的。"就是运用视角转化的方法，描写蚂蚁王国、蟹的王国。刘琦佳的《飞雪》则是模仿《山雨》先写声音，再写颜色，而且文中也运用了不少联想和想象，写出了小作者对雪的喜爱。还有金慢怡的《浙西大峡谷的"酷"》，一看题目就有《索溪峪的"野"》的影子。

当然也有创造性地运用联想和想象技能的学生，如周琪的《路边的蝴蝶》、李宇凌的《突然闯进的"不速之客"》等。

学生完成后，指导学生根据评价单内容先进行自评，再小组互评，让学生在反思中完善提高。而且每个学生都把自己印象最深刻的景观描写下来，展现了自己掌握的运用联想和想象的方法描写景观。此环节真正体现了让学习者创造、发明和探索新的个性化的新知识技能应用方式，才能促进学习。

这是个非常好的融会贯通的任务，不仅呼应上课伊始的回忆景观，而且也真正达成完整任务，这样的展示运用充分符合融会贯通原理。

总之，把课文《山中访友》作为示证新知，《草虫的村落》《山雨》《索溪峪的"野"》三篇课文作为三个载体来帮助学生消化、理解新知。第一篇课文的教学中，任务相对简单，首先了解拟人、比喻都是想象的一种方式，然后了解想象的另一种方式——拟物。这时教师的辅导比例是最高的。第二个任务《草虫的村落》的学习中，除了让学生继续感受想象，还增加寻找联想联结点。第三个任务《山雨》的学习中，学生不仅需要自己尝试用批注的方式体会想象的好处，还需要关注文章的表达。第四个任务《索溪峪的"野"》的学习中，不仅让学生自己利用思维导图分析文章的结构，而且让学生尝试运用想象的方式转述索溪峪的特点。

显然，教师的指导力度越来越低，而学生却在学习的推进中，对想象这种表达方式的掌握从陌生走向娴熟。第一篇课文的学习好比是老师陪着走了一遭，让学生对联想有了感受。之后几篇课文的学习，教师慢慢放手，直至任务五学生独自搭建文章框架，抓住事物的特点利用联想的方式表达，学生真刀真枪地用所学的技能表达自己生活中印象深刻的景观。

下 篇

习作教学策略

习作能力是学生核心素养的综合表现。习作是语文学习中高度综合性、应用性和创造性的言语活动,也是一种高层次的思维能力。但在日常教学中,因习作内容脱离学生实际生活,习作过程剥夺学生主体地位,习作成果缺乏展示交流平台等原因,习作教学始终处于教师怕教、学生怕写的境地。

但习作能力的培养关系到学生的一生,是教师和学生都绕不开的一个点。

从五星教学模式在国内的本土化的应用研究现状可见,五星教学模式符合我们课程与教学改革的要求,是受国内教育界关注,尤其是受一线教师青睐的一种理念先进、操作性强和有效性好的新理论。但国内对于五星教学原理运用于习作教学的实践还处于未开垦阶段,这正给了笔者更多的研究空间,也让我们的运用有了更多的价值和意义。

本篇主要阐述笔者对五星教学模式运用于习作教学的思考与实践。笔者在教学一线,探究如何运用五星教学指导习作教学,并基于聚焦中心任务、激活旧知、示证新知、尝试应用、融会贯通原则下的策略构建,希望能切实帮助一线教师寻找到习作教学的"金钥匙"。

但正如叶圣陶先生所说:"教学有法,教无定法。"作为一线教师要认识到,不同的教学任务或教学目标要采用相适恰的教学策略来施教。教学策略本身没有优劣高低之分,只有是否合适之说。紧扣目标施教、紧扣目标操练和紧扣目标评估(表现),这既是一般教学设计所倡导的理念,也是五星教学模式的精髓之一。

第七章　运用五星教学模式改进小学习作教学

一、问题的提出

（一）习作能力是语文核心素养的综合表现

提高小学生的语文核心素养是语文学习的重要任务，而习作能力又是学生语文素养的体现。

语文学习本身就是一种语言文字综合运用和实践的学习，其中习作更是高度综合性、应用性和创造性的言语活动，它是在输入的基础上进行综合输出的言语活动。习作是学生使用和运用语言文字的综合体现，因此，习作能力强的学生，语文的核心素养一定弱不到哪里。

习作教学应系统地训练学生说、写的能力。学生通过课内阅读教学的读写结合，学会表达，提高语言理解与运用的能力；联系自己的生活，积累写作素材，促进思维训练与发展；鉴赏课内外优秀作品及同伴的作品，提高习作品位，锻炼和发展认识能力，陶冶思想情感。

因习作的高度综合性、创造性及复杂性，习作自然成为学习的难点。而习作能力又是学生核心素养的综合表现，因此作为语文教师不得不研究习作教学，让学生在习作上既学得轻松，又学得有效。

（二）基于小学习作教学的现状思考

对学生而言，写的难度是最大的，有研究表明，大多数学生写的能力略低于听、说、读的能力。笔者对当下小学习作（写话）教学中存在的问题进行统计分析后有一些思考：从学生的角度来看，目前小学生普遍存在着不喜欢写、不想写、无话可写的现象；从教师的角度来看，统编版小学语文教材的出现迎来了习作变革的曙光，特别是从三年级开始，每册都有一个习作单元，但机遇总是和挑战并存的，如何使用好教材、开发好教材等问题，对习作教学来说至关紧要。

1. 习作内容脱离学生实际生活

于永正老师曾说："为什么有些学生在写作文的时候，经常抓耳挠腮？很大一方面是因为我们给的题目太大、太空洞，使学生产生了'老虎吃天，无从下口'的感觉。"的确，由于教师用成人的思维方式命题，题目常常脱离学生的生活实际与心理特点。面对自己不喜欢写的题目，学生只好生编硬凑，作文"假大空"的现象便由此产生。虽然教材提供了一些习作内容，但无法照顾到不同地区、不同能力水平的学生。

2. 习作过程剥夺学生主体地位

在日常教学中，习作教学依然采用从命题到评改的过程，主动权全部掌握在教师的手中，学生始终处于被动应付的状态。在这种状态下，学生不是在说心里话，而是在顺着教师的意愿写一些应付教师的话。不但写作的积极性极低，而且创造性的发挥也受到极大的制约，有创意地表达更是无从谈起。

同时，在习作评改中，因为要面对检查、帮助学生"应对"期末考试的作文，教师常常以精批为主，批得两眼昏花，学生看看满目的红笔，觉得自己的作文一无是处，真是"两败俱伤"啊！

3.习作能力结构模糊不清

习作能力是语文能力中最综合，也是最难掌握的能力，因为习作能力涵盖的能力太多。但在日常习作教学中，教师对学生习作能力结构认识不到位。通过课堂观摩听课，笔者梳理了近20节作文课中对于习作能力结构的关注（见表7.1）。从表中，我们发现习作课堂的20节中，有17节课关注习作表达能力，占85%；对于习作修改能力的培养只有4节课，呈现学生修改情况并做指导，其余课不是没有修改环节，就是修改后没有反馈。对于审题与立意能力有将近一半的课关注，但8节课均是侧重审题能力，立意能力没有涉及。选材和组材能力的10节课中，都有素材交流，但对于组材能力的培养只有其中的2节课。

表7.1 习作课堂对于习作能力结构的关注

习作能力结构	审题与立意能力	选材和组材能力	表达能力	修改能力
课次	8	10	17	4
比例	40%	50%	85%	20%

虽然这些数据只能代表一部分习作教学课堂的情况，但至少

让我们发现了共性问题：习作教学中，对于习作能力结构的关注不足，或者说教师对习作能力结构没有研究，仅仅把习作能力等同于表达能力，忽略了对学生审题与立意能力、选材和组材能力、修改能力的培养，使得学生获取习作素材的渠道匮乏、选材组材能力薄弱、习作构思能力不强、语言表达欠佳、对习作的修改和评价能力欠佳等，最终造成学生习作能力提升缓慢。

4.习作成果缺乏展示平台

作文是极具个人色彩的，是学生对生活和内心的记录。对于写作主体来说，有人读、有人产生共鸣、有人认可是对其最大的肯定。可是在一线教学中，学生的作文记录在大作文本上，然后上交老师，得到成绩、评语，就结束了它的"使命"，最多也就是在讲评时展示部分同学的文章。

这样的习作教学是不完整的，会造成一部分学生习作积极性和兴趣缺乏，不能体会到习作的乐趣，在对习作的态度问题上形成恶性循环。学生会认为习作就是一个任务，抱着应付的态度完成。

（三）基于五星教学习作研究现状

笔者在翻阅大量期刊、书籍等资料后，对国内有关"习作教学策略"的文献进行梳理，发现大家对于习作的研究角度多，但相对于阅读教学的研究，研究成果少了将近一半。有的是从习作教学依托的载体入手，如基于绘本的习作策略、基于微课的习作教学策略、基于习作准备单（思维导图）的习作教学策略等；有的是从习作教学模式入手，如体验式习作教学策略、支架式习作教学策略、生本教育理念下的习作教学策略等；有的是从研究教材的角度入手，如习作单元的教学策略、读写结合的习作教学策略等；有的是基于某个年级或学段的习作教学策略，如中年级习作教学策略、三年级习作教学策略等；有的是针对某种文体的习作教学策略，如童话习作教学策略、应用文习作教学策略等。

笔者在中国知网检索"习作教学策略"的硕博论文，出现了130条结果，比研究阅读教学的论文少，而且研究的角度不集中。

总之，无论是期刊还是硕博论文，基于五星教学模式下的习作教学策略，均无。

不难发现，尽管各种教学策略都有各自的优点，但在理论支撑上显然苍白无力。这也是习作教学效率低下的重要原因。

二、小学习作教学的重新认识

为了更好地认识习作教学，首先得厘清"习作"和"习作教学"两个概念。

习作，顾名思义，是练习写作。习作是写作的准备和过渡，是写作的重要组成部分和形式，具有写作的主要特征。习作是一个能动的创造性的反应过程，是练习性质的写作方式。习作教学是训练学生各种能力的有效途径，是提高学生综合素养的重要过程。通俗地说，习作就如练习走路，习作教学就是训练孩子练习走路。这样一打比方，你会发现用怎样的策略训练学生练习习作是非常重要的，而且策略选择得当，将事半功倍。

课程标准强调在习作教学的过程中应以学生发展为主体；小学的习作教学主要是为了培养学生"乐于""易于""能够"运用书

面语言表达自己的真情实感。

三、习作教学课堂结构

（一）习作教学课堂结构的内涵

多年来，习作教学一直采用教师呈现命题—学生习作—教师批改—教师讲评的封闭式课堂结构。这样的习作教学课堂结构以教师为主体，忽略了作为学习主体的学生的兴趣以及他们是如何学习的，教学效果大大打折。

因此，我们需要优化习作教学课堂结构。优化习作教学课堂结构是指教师在习作教学目标的指导下，使学生习作能力最大化地实现主动发展。

笔者认为，优化习作教学课堂结构，要实现"三性"：(1)习作题材引入要"贴近生活"。不管是教材中规定的内容，还是为了帮助学生达到某种写作技巧而补充的习作题材，都应该尽可能激发学生的表达欲望，努力寻求学生现有生活与题材的契合点。(2)习作示证要"高效性"。习作课堂，顾名思义"习作"最重要。所以示证时一定要用好本单元课文或凸显某种技巧的相关文章、段落，运用适恰的策略示证，以便学生独立习作有扶手。(3)习作点评要"及时性"。提高习作课堂的效率，及时选择学生共性的问题点评指导，对于个别学生的亮点也要及时放大，帮助学生更好地掌握新知识。

众所周知，课堂结构与课堂教学效益密切相关。优化习作课堂结构应以教学过程为基础、以学生为主体、以教师为主导、以教材为依据、以习作为主线。构建"聚焦完整任务、示证新知、及时反馈、激励评价"的教学模式。每堂课必须包括素材准备、课堂示证、动笔习作、及时点评等基本组成部分；在教学过程中，加强师生、生生互动交流，激发学生主动参与教学全过程的积极性，从而使学生真正成为习作教学的主体。

（二）优化习作教学课堂结构需处理的几个关系

1.写与讲的关系

习作教学课堂与阅读、识字教学课堂的"讲"与"写"所占的比例不同。相对于另两种课型，习作教学课堂中"写"的比例会更大。如果没有学生的动笔时间，教师就无法掌握学生的学习情况，那点评反馈就是纸上谈兵了。

习作教学中的"讲"主要解决写什么和如何写的问题。首先，根据题目的素材激活，让每个学生有话可说，通过师生交流、同伴交流唤醒相关生活。其次，教师运用各种示证策略，让学生学习如何写。"写"是习作课堂的重头戏。习作教学课一般有两次动笔时间，一次是根据示证独立写作15分钟左右，另一次是在师生聚焦点评后，再修改完善。

在习作课堂中，大部分课堂和如上陈述的环节差不多，但也有教师给了学生题材后，让学生先写作后指导，便于了解学生的真实水平，让学生打开习作思路，并且加以启发。这种方法主要是在让学生自由表达上下功夫，认真指导他们用自己的话来表达心中所想，但这种做法对学生起点要求高。

两种方法各有利弊，但不管使用先引导后写再点评，还是先写后指导，都需要给足学生动笔的时间。习作就像学游泳，光说不下水练习，学生永远无法独立游泳。所以只有写起来，才能学会写。

2. 习作教学与阅读教学的关系

古人云："劳于读文，逸于作文。"阅读和习作的关系，犹如鱼和水。加强阅读是提高学生的习作水平乃至语言文学素养的关键。读是吸收，是基础；写是表达，是运用，二者相辅相成，不可偏废。

习作与阅读紧密结合起来，做到以读促写，以写带读，是遵循读写规律的体现。因此，在习作教学中，为了帮助学生更好地掌握习作方法，呈现课文或相关技巧的片段进行示证是习作课堂经常使用的方式。在课堂中，一定要分清楚主次，在课文相关内容的激活、范文的选择上要紧紧围绕习作教学的目标进行，以便帮助学生更好地吸收习作技巧，从而达到迁移运用。在时间的分配上也要考虑到这点，切勿在阅读赏析写法的示证环节占用大量时间，喧宾夺主。

习作教学课中的阅读教学板块，是指向于习作的阅读，两者的关系显而易见。

3. 评与改的关系

完整的教学过程应该既包括信息的输出，又包括信息的回收（反馈）。识字写字有标准答案，阅读有相对准确的"踩分点"。相对于识字写字、阅读积累，习作在评改方面更难处理，也更考验教师的功底。

在小学阶段的习作教学中，其评价应当包括自我评价、同伴互评、教师点拨三种形式。为了让习作教学不至于像脚踩西瓜皮，滑到哪里算哪里，现在不少老师在课堂评改环节会提供一张习作评价单，本堂课的习作目标就蕴含其中。习作评价单还分"自我评价"和"同伴互评"两部分，学生根据评价单可以初步判断是否完成习作任务，是否达成习作标准。当然，仅仅有同伴和自己的评价是不完整的，习作教学的评改更需要教师运用其专业的眼光，抓住学生的共性问题或明显优缺点，进行放大点评，提高习作的效果。同时，教师还可以基于学生在习作中呈现出的实际状况，做到因人而定、因文而评。

需要指出的是，课堂时间是个常量。因此，教师在习作教学中的评改如何高效，是非常有讲究的。具体来说，要做到以下几点：一是课堂观察。教师可以从学生当场练笔的情况、学生互评的反馈中，收集所需要的全班评价反馈信息，及时调整授课方案，在必要时，再次呈现示证的内容进行补救。二是主动深入。教师可以在学生交换互评、自行朗读修改阶段，进行非正式的谈话，以了解学生学习效果，以便全班反馈时高效评改。三是留有反思空间，习作教学和其他课堂教学不一样，既有习作教学中评改，也有教师批改习作后的评改，两者缺一不可。每个学生完成习作长短不同，教师需要在学生全部成文后进行批改，之后再进行点评，然后学生再次修改。习作后的评改，因为教师阅读过所有学生的文章，而且也留有充足的思考空间，所以反馈会更全面、精准。

"评"的最终目的是使"改"更有方向性，使文章更优。通过师生、生生互动，分享彼此之间的习作，让他们在习作中体验分享的快乐。

四、习作教学策略构建的理性思考

(一)习作教学策略的基本要义

在第二章已经对"教学策略"进行了解释,这里就不赘述了。

"写作"一词在四个学段,有着不同的叫法。第一学段(1～2年级)称为"写话",第二学段(3～4年级)、第三学段(5～6年级)称为"习作",第四学段定位为"写作"。从不同的叫法中,我们发现不同学段对于"写作"的定位有所不同。

提高学生的习作能力,需要在习作教学中使用合适的习作教学策略。适恰的习作教学策略能提高习作教学的实效,使学生的习作能力得以提升。因此,运用哪些习作教学策略决定着习作教学的有效性。写作、习作教学、习作教学策略的关系见图7.1。

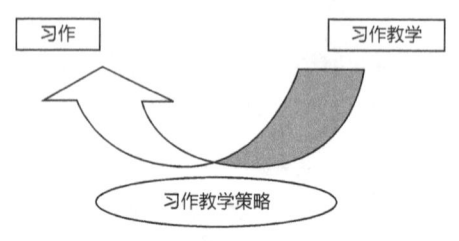

图7.1 写作、习作教学、习作教学策略的关系

(二)习作能力结构

早在20世纪80年代至90年代中期,写作就被看成一种能力,写作能力是作者在写作过程中所表现出来的心理特征和行为特征。

课程标准将第二、第三学段的写作定位为"习作",第四学段的写作定位为"写作",是想体现练习作文在程度上有区别。习作是学生练习写作的行为,是学生在教师指导下为了达到一定的语言训练目标而进行的一种言语实践活动。因此,习作能力是指小学生为提升言语能力对自己的积累进行选择、提取、加工、改造的能力,它属于一种特殊能力。

习作能力到底包括哪些具体能力呢?正因为不少教师并不知道习作能力的组成,所以在习作教学中无从下手。

在构建习作教学策略前,我们需要了解习作能力的要素及结构。有关习作能力结构研究的主要代表有20世纪80年代的朱作仁、刘荣才,90年代的林崇德、祝新华等。其中朱作仁把习作能力划分为审题、立意、选材、组材、表达、修改这六种能力,并认为写作是一种特殊的能力(见图7.2)。笔者在朱作仁老师对于习作能力的划分的基础上,根据课堂教学整合成四个能力结构:审题和立意能力、选材和组材能力、表达能力、修改能力。

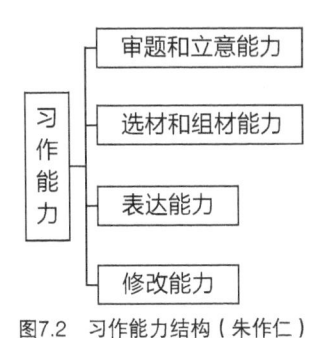

图7.2 习作能力结构(朱作仁)

五、五星教学模式对习作教学的启发

有了现代教学理论的指导，才会有符合教学规律的、遵循课标理念的教学，最终服务学生，提高课堂实效。由此，通过改进习作教学策略，提高小学习作教学有效性，必须凭借理论指导。

能帮助习作教学走出困境的现代教学理论的集大成者便是五星教学模式。梅里尔曾经说道："五星教学模式是努力帮助学生学习任何教学内容的特性，也是有效教学的各种'模型'。"[1]由此可见，五星教学模式对小学习作教学一定能产生积极的促进作用。

（一）聚焦习作能力结构的完整任务

五星教学原理指出，聚焦解决问题或聚焦完整任务是重中之重。五星教学模式就是用来促进掌握各种完成任务所需的知识技能，以便最终完成复杂的任务。

但在传统的习作教学中，重点是学习本单元的习作方法，完成一篇单元习作。单元作文往往因为有了老师的指导、修改，成了一篇佳作，但换了一个题目，需要学生独立习作时，学生便陷入痛苦中，有的不会审题，有的不知道如何选材、组材，有的表达不流畅或不生动，有的写完后不知道如何修改。但在平时的习作教学中，有些习作能力我们的确没有教到位。我们的习作教学应该是聚焦习作能力结构的教学。

五星教学原理最大的特点便是聚焦完整任务。也就是说，我们应该在习作教学中关注完成相关习作技能的掌握。譬如，统编

---

[1] 盛群力,马兰.走向3E教学——三述首要教学原理[J].远程教育杂志,2006(4):17-24.

版教材三年级上册第一单元的"猜猜他是谁",我们的习作教学目标应该是让学生能抓住人物特点,独立描写一个人物,而不仅仅是完成一篇题为"猜猜他是谁"的文章。很明显,前者是指向于学生的未来生活的。在习作教学中,完整任务指包括审题和立意、选材和组材、表达和修改的完整的过程。因此,五星教学原理下的习作教学的中心任务里,涉及到了对学生选材、表达、修改能力的培养。而传统的习作教学,则以完成指定的习作内容为任务(见表7.2)。

表7.2 传统的习作教学目标与五星教学模式下的习作教学中心任务的比较
——以"猜猜他是谁"为例

传统的习作教学目标	五星教学模式下的习作教学中心任务
1.引导学生观察人物的外貌、性格和兴趣等,培养善于观察的良好习惯。 2.学习通过对人物的外貌、性格和兴趣爱好以及品质等多方面的描述,反映人物的特点。 3.掌握习作的正确格式,初步培养习作兴趣。	1.运用猜一猜、填写思维导图、同桌讨论等方式,明确所写人物及其令人印象深刻的特点,学习如何选材。 2.通过联结课文、学习范文,学习如何写清人物特点(表达)。 3.能抓住人物特点,独立描写一个人物。 4.通过反复朗读,学习修改文章,让文章语句通顺,没有错别字。

当然,随着年级的变化,聚焦习作能力结构的完整任务对于习作结构的教学侧重点会有不同。低年级课堂教学中,对审题、选材能力的培养比例高;随着年级的增高,立意、组材、表达、修改的比例会增加。

习作教学中,可以是在某次习作中完整地做这几个结构的教学,也可以是在几次习作教学中,逐一侧重突破某一个能力,最终达到学生习作能力的提升。这是以往的习作教学从来没有研究过的，也是五星教学原理带给习作教学的全新的模式。

因此，在五星教学指导下的习作教学，将完整的习作作为任务。激活旧知环节不是一个无关紧要的导入，而是指向选材和立意的习作能力结构的培养。示证新知环节，有时侧重审题、组材的示证，有时侧重文章表达的示证，有时还能是修改文章的示证。应用新知就是学生独立写作反馈、生生互评反馈及修改。融会贯通则是学生在合适的时候独立完成同类型的文章。

当然，前一段陈述的是在一个单元习作课中运用五星教学模式的构成；有时我们将整个单元看成一个整体。以统编版教材三年级上册第五单元为例，这是一个习作单元。显然不同于其他单元的教学，笔者将习作结构的四个能力渗透到整个单元中，将单元习作《我们眼中的缤纷世界》作为融会贯通的独立创作。在《搭船的鸟》的教学中，侧重作者的选材、组材的示证，如"这段作者写了什么？""你看到了一只什么样的鸟？""为什么作者要写翠鸟捕鱼的片段呢？"；在教学《金色的草地》一课时，侧重表达的示证，通过表格梳理"作者为什么能发现这个有趣的现象"，引导学生发现作者以时间为单位的观察及表达顺序。在之后的两篇习作例文《我家的小狗》《我爱故乡的杨梅》的教学中，侧重选材、组材、表达的示证，练笔仿写。然后让学生根据《我们眼中的缤纷世界》完成习作准备单，这就是一个选材、组材的应用。在习作课堂中，教师便以习作准备单为起点，激活学生相关素材，在相互分享交流中，学生再次进行组材，接着教师呈现本单元具有代表性的表达，唤醒学生的理解，然后是学生的独立成篇阶段，最后就是师生点评、示证修改的过程，学生修改文章。

不管是以园地习作为完整任务的习作教学，还是基于整个单元为完整任务的习作教学，都充分尊重"完整任务"。正如五星教学原理所阐述的，我们需要培养的学生是能独立完成任务的，故在教学中一定要帮助学生具备完成这个任务的技能。只有这样的习作教学，才真正指向学生习作能力的提升，指向学生的未来生活。

（二）面向习作的单元学习内容排序

习作能力是一种综合地、创造性地应用语文知识、技能进行书面表达的能力，特别是素材的积累、表达描述能力的培养，仅靠习作课堂的教学根本无法完成。因为习作能力是观察力、想象力、思维力等的综合训练的结果。

但在传统的单元教学任务排序策略中，往往是一个接一个地教授某些主题（见表7.3）。如统编版三年级上册第六单元，按照传统的教学任务，先按顺序教学《古诗三首》《富饶的西沙群岛》《海滨小城》《美丽的小兴安岭》，到了单元习作，教学习作主题"这儿真美"。由于之前的课文教学与后面的习作教学都是孤立的，所以到单元习作时，学生往往觉得难度很大。

表7.3 传统的单元习作教学各部分间关系

	课文1	课文2	课文3	课文4	习作
知识或能力	阅读教学	阅读教学	阅读教学	阅读教学	单元习作

五星教学原理给习作教学注入了生机。统编版教材以人文主题和语文要素双线组织单元。除了不同学段有纵向联系，从易到

难,每个单元内容也有着横向联系,各部分内容环环相扣,互相配合,使每个单元形成一个系统。

统编版中的面向习作的单元学习分为习作单元的学习、非习作单元的学习。统编版教材从三年级开始,除每册一个习作单元外,有些单元的课文就是园地习作非常好的完整任务的展示。我们可以将整个单元转变成聚焦完整习作任务下的单元统筹排序教学,这样园地习作就转变成了独立完成的融会贯通环节,之前的课文学习变成了指向于习作任务的某个环节。笔者根据单元课文的特点及习作的要求,选择了一些比较容易开展的以习作为主要任务的单元学习,使阅读教学指向最终的习作(见表7.4)。每册的第一行都是教材规定的习作单元。

表7.4 统编版(3-6年级)面向习作的单元

	三年级	四年级	五年级	六年级
上册	第五单元:我们眼中的缤纷世界	第五单元:生活万花筒	第五单元:介绍一种事物	第五单元:围绕中心意思写
	第六单元:这儿真美	第三单元:写观察日记	第一单元:我的心爱之物	第八单元:有你,真好
下册	第五单元:奇妙的想象	第五单元:游_____	第五单元:形形色色的人	第三单元:让真情自然流露
	第八单元:这样想象真有趣	第四单元:我的动物朋友	第七单元:中国的世界文化遗产	第一单元:家乡的风俗

要保证教学不是支离破碎的知识技能,而是突破一个任务进行的,就要依靠波纹环状教学开发模式的第二步——形成任务序列。

教师需要在教学前,花时间思考任务序列,聚焦完整任务后,对单元学习内容进行整体思考及排序。

我们不仅要把握主题单元的内在联系，更要关注每个单元各部分间的内在联系。同样以统编版教材三年级上册第六单元为例，这个单元虽然不是教材规定的习作单元，但是所选的课文内容和最终单元习作内容相似度高，而且《富饶的西沙群岛》《海滨小城》《美丽的小兴安岭》这三篇阅读课文的写法非常具有借鉴作用。因此，笔者把这个单元也设计成了指向习作的单元学习。

这个单元的课文为学生展示了4个完整的任务，相互关联，逐渐放手。在《古诗三首》的教学中，侧重选材、组材、表达的学习，诗人写了哪些地方？这些地方分别有什么特点？诗人是如何表达的？《富饶的西沙群岛》仅仅围绕着"富饶"一词，写了西沙群岛的哪些方面？是怎么让我们感受到富饶的？这是对立意的初步认识，同时进一步学习抓住关键词"富饶"，把文章写清楚。《海滨小城》运用几个总起句，让文章层次很清晰，也是集中在习作表达能力的学习，但该课的学习比前一课更推进一步，让学生尝试写出文章的思维导图。《美丽的小兴安岭》在表达上不同于前两课，给学生提供了一种新的写作思路——按时间顺序写。有了这4个任务的展示，逐步放手的学习，单元习作主题"这儿真美"就水到渠成了。

（三）形成五星教学原理下的习作教学模式

五星教学模式非常适用于习作教学，聚焦中心任务的原则将习作教学的目标不仅仅定位为完成一篇作文，而是指向学生未来的独立进行文字表达的能力，其次，它改变了只是根据教材安排来完成习作的目的，教师可以基于教材，结合学生的生活，以学生的发展为教学的中心任务。

在传统的习作教学模式中，虽然也有"激趣导入"环节，但此环节只是为了激发兴趣，迅速带学生进入与所写习作相关的情景而已；"话题交流"环节由于教师缺少对学生素材的把握，并没有起到培养学生选材、组材的能力的作用。总之，传统的习作教学，因为没有聚焦学生习作能力结构的培养，所以每个环节指向不明，学生只是运用模仿完成了一篇习作而已。

根据五星教学模式，笔者编制了基于五星教学原理的习作教学模式，这是一个以"聚焦中心任务"为宗旨的习作教学，四个教学环节"激活旧知—示证新知—应用新知—融会贯通"紧紧围绕中心任务展开。如此，激活旧知原则改变了课堂中出题让学生当堂习作的弊病，将习作前准备，包括情绪、习作素材和相关写作方法的准备，作为习作教学的一部分。示证新知、应用新知原则是围绕着中心任务展开的，有让学生尝试组材的，有让学生模仿某种表达进行片段练习的，也有让学生模仿搭建文章框架的。学生在教师的引导下，围绕一个中心任务，从学到真正会用。

习作能力是语文综合能力，也是未来生活所必须掌握的能力。因此，融会贯通原则是将围绕中心任务设置指向于未来的便于融会贯通的活动，让习作真正落地生根，让习作为学生的终身发展服务。

将五星教学模式运用到习作教学中，是非常有用且有效的。

第八章 聚焦完整任务的习作教学策略

一、制定真实的任务

俗话说"文以载道",即文为心声,也就是说习作旨在表达学生自身对生活的真实感受。因此,要使习作教学真正有效,需要对教材的习作内容进行二次改造,即要聚焦中心任务,让任务变得具体、明确、操作性强。

首先要制定与学生生活息息相关的任务,哪怕是教材中制定的任务,也不能不加任何思考地直接拿来用。我们要把教材当作一个提供习作素材或方法的载体。其次,教师要多关注学生的生活,激发学生的表达欲望或者让学生学会自主寻找素材。只有这样,习作教学才能真正焕发光彩。这种与学生生活、未来相联系的教学才是有效的。

(一)链接素材,指向学生生活需求

丰富多彩的生活本身就是习作的源泉,习作教学自然而然地

应与生活环境联系起来。教师应从学生的生活环境入手,引导、鼓励学生大胆地与环境对话,多写写自己的生活。例如,快乐的亲子游、有意义的假日小队活动、难忘的第一次值周、每年的寒暑假、生存训练(学游泳、学军、学农)、丰富的校园活动(伙伴节、六一节、运动会)等生活本身就是习作的素材。

在学生经历这些活动后,引导他们记录下精彩瞬间。由于他们有切身体验,习作便不再是难事。

【案例】

以二年级学生的第一次值周为例。值周就是全班每个同学管理校园、站岗一周,人人有岗位。对于他们来说,这简直就是一件天大的事。我们进行了值周前的学习、练习,值周中的每天反馈及值周后的感受交流。然后,笔者让学生记录了自己值周的感受。由于有了充分的体验,虽然孩子们第一次写身边的事,但写得有趣、真实。

陈裕哲的《快乐的值周》(见图8.1)还发表在2018年11月19日的《青年时报》上。

图8.1 快乐的值周

第八章　聚焦完整任务的习作教学策略

【案例】

记得那年运动会前,我班上每个孩子都认真地练习广播操,积极报名,主动锻炼,但最后我们还是以微弱的劣势输给了另一个班级。在全校颁奖仪式上,看到获胜班的同学兴高采烈地拿着奖状,我们班的孩子们耷拉着脑袋,拖着沉重的步伐,我心里真不是滋味。

我和孩子们谈了很多,从过程重要还是结果重要,到一切从零开始,从运动会讲到人生。孩子们一个个聚精会神地听着,听着听着腰板挺了。我突然觉得孩子们会有很多话想说,就建议孩子们以运动会上输了这件事为材料写写。

过了一晚,一篇篇洋溢着真情实感的文章诞生了。《阳光总在风雨后》《一切从零开始》《今天,我们输了》《一首凄凉的歌》《失败,但不意味着永远》……孩子们从一个个独特的视角写下了这令他们难忘的一刻,不仅文章内容充满感情,倾注着信心,而且各具特色的题目也充分体现了孩子的创造性。有的同学在文章中写道:"无论是赢是输,都已经成为历史,我们要有勇气,从哪里跌倒,就从哪里站起来。"有的写道:"对面教室里二班的同学每一个人的脸上都笑眯眯的,我看了好似哑巴吃黄莲——有苦说不出,泪水在眼眶里打转,我多么想把分数扳回来呀,这样我们就是第一了。"有的写道:"今天,我们输了比赛,但是我们没有输掉团结……"

看着这些真情流露的语言,我感动了,这就是孩子们个性的体现。可见,生活是广阔的海洋,习作与生活相互贯通,才能使作文获得生机与活力，而这种生机与活力来源于学生的真实感受和认识。习作就是写生活，既然生活是真实的，习作也就应该是真实情感的体现。只要教师理解孩子的内心想法，抓住教育契机，孩子一定可以将内心的真实体验表达出来。这样，每篇文章才会真实感人、有声有色。

不管是低学段还是高学段，都需要教师及时引导学生关注生活，激活学生的表达欲望。当然从案例中也可发现，对于高学段的学生，我们可更多地引导他们多角度地思考，在叙述之外加入自己的看法。可见，链接学生的素材，将它作为任务驱动学生习作（写话），是习作走进学生内心比较便捷的方式之一。

到了到了二、三学段学段，可以让学生准备一本素材本，关注多彩的生活。叶圣陶先生曾说："文章必须从真实生活里产生出来""有了充实的生活才有好文章"。因此，习作一定要引导学生到社会这个大环境中去认识生活，体验生活，学习语言，运用语言。教师要给学生自由的空间，让他们说真话、吐真情，使作文从生活中来，再到生活中去。生活有多广阔，习作教学的天地就应当有多广阔。

（二）基于生活，指向学生表达需求

表达存在于学生生活的角角落落。习作的初衷就是让学生学会用文字表达。小一点的孩子想向同伴介绍自己的玩具，大一点的孩子可能有什么悄悄话想对父母说。源于这样的表达需求而进行的习作教学，效率不言而喻。

第八章 聚焦完整任务的习作教学策略

【案例】《我的玩具》聚焦完整任务

以统编版二年级上册的写话《我的玩具》为例。写话前，请每个学生在家里找出自己最喜欢的玩具，然后带着玩具来课堂。课堂中，分三大板块进行，先说说玩具的名字，然后让学生拿着玩具，有序说说玩具的样子，接着说说玩具好玩在哪里或者怎么玩。

"玩具"对于二年级的学生来说，有太多话可以交流，所以借着教材的主题，结合学生生活，把玩具的样子和玩法先说再写，让每个学生都能轻松表达。

因此，建议教师在拿到教材后对教材安排的习作（写话）内容作梳理，将一些素材与学生的生活结合，创造一个大的任务，让这些素材焕发生机。笔者整理了一部分目前教材中可以与我校学生现实生活联系的素材，并设计了中心任务（见表8.1）。

表8.1 教材与学生生活联系后设计的中心任务（节选）

教材	教材主题	中心任务
统编版二年级上册	说说玩具	每个人都有自己喜欢的玩具，怎么把你的玩具介绍给别人，让他们也觉得很好玩呢？
统编版二年级上册	通知	你去转告信息时，同学不在怎么办呢？
人教版四年级上册	介绍校园	学校要开展全国童话体作文教学，怎么向与会的来自全国各地的老师介绍学校呢？
人教版六年级上册	介绍同学	六年的同窗生活即将结束，你将用什么方式记录每个同学的特点呢？（模仿《俗世奇人》写班级里同学的特点，形成文字"素描"，为毕业留念。）

除教材中提供的一些和生活密不可分的素材外，教师也可结合学生的现实生活，让学生的习作更有表达的欲望。如笔者曾经

设计了一堂《叮当猫》的习作课,这堂课主要是让学生学习提示语对文章表达的作用。笔者借助学生喜欢的动画片入手,让学生在对比中感受提示语缺乏、单调的缺陷。整节课结合叮当猫之父逝世二十周年的大背景,设置的中心任务是:纪念藤子·F·不二雄逝世二十周年,续编《叮当猫》,要求用上提示语的多样性的习作方法。因为有了丰富的学习内容以及贴近学生生活的任务,学生们的学习兴趣高昂。

学生的生活丰富多彩,因此聚焦中心任务,不仅可以让学生把生活作为习作的素材记录下来,还可以借助学生的世界聚焦学情,潜移默化地创设学习内容。

(三)整合单元,指向学生未来需求

现代系统论以其整体性的观点把语文教材看作一个完整的系统,而这个系统又是用许多相对独立、互相联系的教学单位来体现出教材的科学体系。目前各地区使用的统编版小学语文教材正是一套突出整合的好教材。

统编版教材主题单元编排突出整体性、系列化,注重有效性,为单元练笔提供了基础。借助每组前面的"篇章页"、课后思考练习题来导学导练,凭借"语文园地"中的"交流平台",引导学生交流本组语文学习的收获,发现一些读写的基本方法,逐渐养成不断反思的学习习惯。"篇章页""课例""口语交际""习作""语文园地"等组成部分紧扣语文学习重点,追求语文学习的整体效益。

任何一个单元都是一个整体。因此,我们不仅要把握主题单

元的内在联系，更要关注每个单元各部分间的内在联系，而且，不仅要按单元整体思考教学，也要对学生进行整体引导。

把一个单元中的阅读课文作为习作教学的范本，将课文的学习和习作一体化，这样的教学符合读写结合的原则，也符合学生的学习规律，从示证新知到应用新知、融会贯通。

【案例】统编版语文教材三年级下册第三单元聚焦中心任务

统编版语文教材三年级下册第三单元的篇章页里写道："了解课文是怎么围绕一个意思把一段话写清楚的。收集传统节日的资料，交流节日的风俗习惯，写一写过节的过程。"

课文《纸的发明》《赵州桥》《一幅名扬中外的画》中，都有一些段落运用了围绕一个意思把一段话写清楚的方法。在交流平台里也总结梳理了这种方法。本单元习作内容为写一写过节的过程。因此，笔者整合单元学习内容，确定本单元习作的中心任务：运用围绕一个意思把一段话写清楚的方法介绍一个中国传统节日，可以是传统节日的风俗，也可以是自己做的一种传统节日小吃。

将节日内容的介绍，与本单元的写作方法结合，让学生在表述自己生活时有了方法的支撑，也在潜移默化中传递指向于学生需求的能力的知识。

要想让学生在未来的生活中灵活自如地运用写作技巧表述，首先要让他们知道内容和技巧是如何融合的。学生习作归根结底是在自己表达时能尝试运用写作技能，明白内容和技巧不是两张皮，只有一起作用才能表述清楚、生动。

二、聚焦中心任务的基本方式

中心任务是五星教学得以高效开展的关键,那习作教学又用哪些方式聚焦中心任务呢?

(一)语言告知

语言告知依然是习作教学中五星教学呈现方式中最为普遍的一种,开门见山,经济高效。比如我们在进行第三单元学习前就告诉同学们:这个单元课文用了围绕一个意思把一段话写清楚的方法,在学习课文的时候,要特别留意这样的段落,在单元最后,我们需要用这样的方法写写你喜欢的一个节日哦!

这样直截了当的告知,既节省了学生宝贵的学习时间,又让学习的方向更为明确。

(二)单元读写信

单元读写信不仅纠正了以"篇"为教学单位带来的孤立、片面、随意的弊端,树立了语文教师整体教学的观念,而且帮助学生了解本单元所需学习的课文及其写作特点,梳理单元脉络,用一条主线紧紧地将整个单元勾连起来。

【案例】人教版语文教材五年级上册第一单元单元读写信

感受自然

——尉老师教五年级上册作文1

亲爱的同学们:

山清水秀,鸟语花香;青松迎客,寒梅报春——大自然有声有色，有情有意。本组课文将带领我们投入大自然的怀抱，领略大自然的风姿，倾听大自然的声音，与大自然互诉心声、交流感受。

精读课文《山中访友》，文章出自著名诗人、散文家李汉荣先生之手，是一篇构思新奇、富有想象力、充满好奇心的散文，向我们传递了作者对山里"朋友"的那份深厚的感情。

跟随作者的脚步，我们访问了山里的"朋友"，感受到了人与自然的亲密无间；让我们随着《山雨》这篇课文，体会山雨的韵味。认真读课文，想一想作者是怎样细致观察、用心倾听山雨的，字里行间表达了怎样的感情。把自己喜欢的部分多读几遍，还可以背下来。

《草虫的村落》以丰富的想象，带我们走进了一个童话般的草虫世界。

置身大自然，我们可以与大自然为友，跟大自然进行心灵对话；我们也可以伫立旁观，尽情欣赏大自然的美景。认真读《索溪峪的"野"》这篇课文，想一想"野"在课文中是什么意思，你从课文的哪些描写中体会了索溪峪的"野"。

学习本组课文，要注意体会作者是怎样细心观察大自然的，有哪些独特的感受；还要体会作者是怎样展开联想和想象，表达这些独特感受的。

从下面的建议中选择一项，进行习作。

请你把自己想象成大自然中的一员，你可以把自己当成一种植物或动物，也可以当成一种自然现象；想象它们在大自然中是怎样生活或变化的，想象它们眼中的世界是什么样子的，并融入自己的感受写下来。然后和同学交流，可以说自己写的内容，也可以讲自己本次习作的体会。

　　声响世界真是太丰富、太迷人了。雷声、风声、动物的叫声，人的说话声、笑声、脚步声，物体的撞击声、摩擦声……选取生活中的几种声响，或者仔细听一段声响的录音，展开想象，把想到的、感受到的讲给同学听，然后写下来。

　　暑期生活真是丰富多彩。你可能游览了风景名胜，可能参加了有意义的活动，还可能帮父母做了一些力所能及的事。你是不是有很多收获想和大家分享？先说一说，再写一写，注意写出自己的感受和体会。

　　最后，邀请你进入班级圈晒作文，好吗？看看快乐作文参考题吧！有兴趣的同学可以自己动笔练练，欢迎你们把自己的作品登到班级圈上。

　　顺致快乐！

你的朋友：尉芳芳
2016年9月4日

　　从这封单元读写信中，我们可以发现教师从"写"的角度，概括地讲述了这组课文的内容，然后按照课文的顺序，介绍每篇课文的重点，略读课文则结合了阅读提示，精读课文也关注了课后习题，将导语描述的知识点具体化。这一部分的表述，让学生在学习本组课文前，增强对整个单元课文的整体认识，激发阅读兴趣，也明确了各篇课文的读写结合点。

　　每次教学一个新单元之前，笔者总是将写好的单元读写信下发给学生。正如学生樊轶杰所说的："我很喜欢这封信，因为它是一位帮助我学习的好伙伴，让我不至于像无头蜂，不知所云。"这封单元读写信在学生学习单元前就非常明确地告诉学生中心任务：细心观察大自然，展开自己的联想和想象，写出独特的感受。

（三）呈现成品文

打个通俗的比喻，拍照前，不管摄影师说得怎么天花乱坠，都不如给你看下成品照片来得更现实。因为成品更立体，更有说服力。

习作教学也一样，直接呈现一些同学的作品是效果非常好的呈现学习任务的方式。笔者所接的班级都有出"作文报"的习惯，偶然间，笔者发现了作文报的一大好处便是给下一届学生的习作提供了优秀的成品文。而且由于作文的作者就是学长、学姐，比从作文选中找来的文章更贴近他们的生活，读来更亲切。

【案例】

统编版教材三年级上册第八单元的习作主题是"那次玩得真高兴"，是学生第一次真正意义上接触到写事。在学生介绍了自己印象深刻的事情后，笔者告诉学生这么好玩的事一定要用文字记录下来，这样才不会被遗忘。然后，呈现了上届学生的作文，看着一篇篇作文和配图，孩子们很是羡慕。

聚焦中心任务，使习作教学有了生命力和方向感，才能达到事半功倍的效果。因此，教师在教学前要努力设计指向学生生活需求、表达需求、未来需求的中心任务，并利用语言告知、单元读写信以及成品文的方式呈现中心任务，习作教学便成功了大半。

第九章 改进习作教学的基本策略(上)

一、激活旧知原理的四大习作教学策略

五星教学原理指出：激活旧知的主要功能是帮助学生顺利过渡到学习新知识的心理结构中去。因此，要使学生习作充满真情实感，表达流畅，自然不能缺少激活旧知。俗话说，巧妇难为无米之炊，习作教学对于激活旧知的要求更高。习作教学的激活旧知不仅包括激活相关写作方法、激活写作素材及写作兴趣，还包括补救一部分缺失的经验（经历）或知识。三者缺一，学生习作学习的质量就将大打折扣。

（一）动手参与，激活生活旧知

儿童习作（写话）的兴趣源于充分的过程性体验。教师要把习作（写话）活动和儿童的生活结合起来。在动笔之前，激活学生已有的经验或者填补学生相关的体验活动。体验能唤起儿童的表达热情，把已有的感性经验转化为书面表达，推动儿童观察、想象、

表达的能力。

习作，简单地说就是用文字记录生活。第一学段的学生写话更是如此，通过写话前的画一画或做一做，来激活相关认知，为写话中的表达做好准备。而且对于第一学段的学生而言，口语交际就是最好的写话内容。从说到写，先说后写，降低了写话起始阶段的难度。

以统编版语文教材二年级上册第三单元的"做手工"为例，这是一个口语交际活动，但笔者认为这也是学生比较喜欢的写话的内容。因此在教学前一个双休日，要求每个学生利用纸杯动手完成一件手工作品，并有意识地把过程记在脑海中。因为在课前有了动手经历，学生在课堂表述中明显层次性增强，于是当笔者提出，感兴趣的学生可以将做手工的过程记录下来时，学生们都能轻松地把过程记录下来。《纸杯青蛙公主》《纸杯小马》《纸杯台灯》《纸杯花园椅》《纸杯兔》……一篇篇有趣的文章就诞生了。

同样在统编版教材二年级上册"我的玩具"的写话练习中，笔者也提前告诉学生找找自己喜欢的玩具，准备向同学介绍自己的玩具。这个事先准备的"作业"，就是为写话做准备的。学生的玩具很多，因为想向同学介绍，所以学生在挑选玩具的时候，其实就是激活自己玩这个玩具的体验。

仅仅关注课堂中的习作教学，是片面而狭隘的，习作前的激活是习作教学必不可少的一部分，只有激活学生的经验，才能让学生有话可说。当然，这种激活旧知的方式，在中低学段用的比较多。

(二)阅读资料,补救相关"旧知"

阅读是输入,习作是输出,两者之间的关系密不可分。因此在习作前,阅读相关的文章,扩展思路,或者积累、收集一定的资料,也是激活旧知的一部分。

人教版五年级下册第七单元《作家笔下的人》,安排了三篇课文《金钱的魔力》《刷子李》和由三个小片段组成的《人物描写一组》。学完这组课文后,学生要抓住人物的特点写写身边的人。但作家的文笔或者说写作特色通过一篇课文的学习往往是不够的。因此,在学习这个单元的课文前,笔者就推荐学生阅读《俗世奇人》《百万英镑》等书籍。正如五星教学原理所说的,激活旧知也包括补救学习新知所需要的相关内容。

学生阅读了冯骥才的《俗世奇人》、马克·吐温的《百万英镑》后,再来学习两位作者的写作特色。学生对于冯骥才通过一个绝妙故事把人物的特点写精彩,而且文字中充满了津味,以及马克·吐温的夸张的极具讽刺的描述,理解起来就更容易。

这个单元的教学中,笔者第一次执教时由于经验缺乏没有充分做习作前的阅读激活,学生写出来的文章显得平淡。

但第二次执教,由于有了五星教学原理的指导,提前一周让学生做了相关的阅读激活。到了习作阶段,无论是学生选择素材的多元性,还是文字的表达都有了提升,还有不少学生活脱脱是个"小冯骥才"了。

统编版语文教材三年级下册第三单元是围绕一个意思写写过节的过程或者节日中印象深刻的事,因此,在写作前,请学生围绕自己感兴趣的一个节日进行资料收集(见图9.1)。

图9.1 传统节日的资料收集

有了这样的相关知识"补救",一定会对学生写节日有很大的帮助。这种激活方式在中高学段的习作中会用得较为多些。

(三)前习作单,激活情绪、素材

前习作单,又称为"习作准备单"。习作不是课堂上给学生一个题目就可以,素材的准备及习作后点评都是很重要的部分。前习作单可以帮助学生更好地进行素材激活,缓解学生习作时的紧张感。

笔者经过研究,发现前习作单的主要功能包括积累素材、回顾课文结构、构思框架等,对现场习作产生直接作用。

前习作单作用之一:降低无素材习作中的负向情绪,让学生以有准备的积极心态进入习作状态。前习作单不仅体现学生在语文学习中的主体性,培养学生对习作的兴趣和自信,让学生能真情表达,而且符合知识学习的规律。五星教学原理也指出激活旧知原理要关注学生学习,更有助于学生在形成良好的学习动机和知识习得时构建联系。

前习作单作用之二:尊重学生自由表达,鼓励学生个性表达。在第三学段中,习作要求强调:"珍视个人的独特感受,积累习作素材。"因此，教师在习作教学中应充分考虑学生的现有学情，在训练学生读、说、写的学用结合的过程中坚持关注学生的主观感受。

笔者会在课堂习作前，发给每位学生一份前习作单（习作准备单）。习作准备单大部分内容为激活相关素材，让学生从自己的生活中寻找相关素材。由于有了这样的思考，在习作前，学生的头脑中会涌现出一些与表达主题相关的素材，随着习作教学的开展，学生会甄选这些素材，最后形成习作的素材。有了前习作单引导下的素材积累，习作会更有效。如在人教版五年级下册第七单元《一个印象深刻的人》前习作单上，笔者引导学生想三个"怎么样"的"谁"以及找三个典型事例；在四年级上册第二单元 植物（动物）单元，笔者制作了一份观察记录表，让学生在习作前连续一周进行观察和记录（见图9.2）。

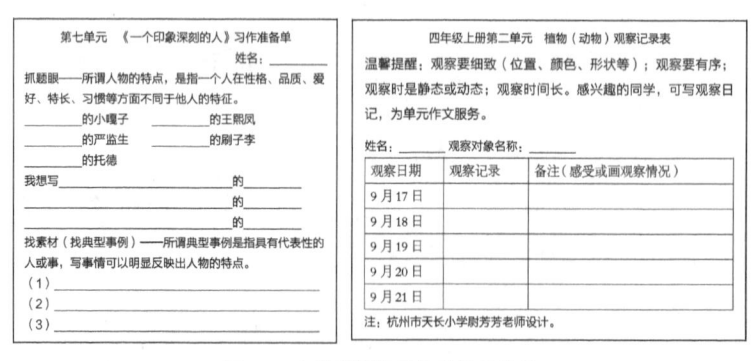

图9.2 人教版部分习作的前习作单

前习作单作用之三：利用前习作单上的结构化框架，帮助学生明晰知识结构或回忆原有经验，使学生有效激活旧知，确保新旧知识间能建立联系。因为学习不只是一个信息（或知识）传递过程，也是结网。即建立知识结构，为明晰知识结构建立了基础。真正有用的不是旧知识，而是旧知识中隐含的结构。

习作准备单还包括课文结构的内容或结构的回顾，帮助学生更好地搜集素材。如统编版语文教材四年级下册第四单元"作家笔下的动物"中，笔者将《白鹅》和《猫》的结构图放在学生独立写提纲前面（见图9.3）。这样的框架图的呈现，有助于帮助学生唤醒本单元的课文的结构，便于学生有意识地迁移运用。在《一个印象深刻的人》的习作准备单的第一部分就是让学生梳理这一单元的人物的特点，不仅帮助学生回顾课文，最重要的是帮助学生打开思路。

```
                第四单元习作准备      姓名：_____
   《白鹅》和《猫》的结构
         ┌过渡段┐ ┌姿态
         └好一个高傲的动物！┤ 叫声（总分）
          （中心句）         │ 步态（总分）├ 对比、明贬实褒
                            └ 吃相（总分）┘

                                   ┌老实、贪玩、尽职 ┐ 运用关联词
         ┌猫的性格实在有些古怪。── 温柔可亲、一声不出├ 详略得当
    猫──┤                          └胆小、勇猛       ┘
         │小猫满月的时候更可爱，腿脚 ┌在家里 ┐
         └还不稳，可是已经学会淘气。 └在院子里┘ 明贬实褒

提醒：先想象自己喜欢什么动物？它的特点是什么？然后你可以从它的外形、
脾气方面写，也可以从它的吃相、嬉戏、休息等方面写。
题目：_____
总起句：_____
分述：1._____
      2._____
      3._____
      4._____
总结句：_____
```

图9.3 统编版四年级下册第四单元前习作单

（四）运用多种形式，再现生活

前三种激活旧知的方式都是在课堂学习之外的，但并非说激活旧知都要在课外进行，课堂中需要对激活的知识（经验）进行分享、交流。因为学生的年龄特点和个体差异，在回顾或收集资料激活旧知时，难免会出现不够准确或未精准捕捉等问题。也就是说，已有的心理模式不足以充分支撑组织起新内容，那么，就应该向学习者提供，以此促进学习。

因此，在习作课堂中，需要教师根据学情，做必要的提炼，甚至是补救。在课堂教学中，运用实物、录像或图片等形式，激活学生的已有经验或增加相关体验。

1.利用实物、照片

在教学《我的植物好朋友》《我的玩具》等内容时，虽然都请学生事先做了相关的准备、观察，但在课堂伊始，笔者依然会请学生说说自己观察的情况或说说自己喜欢的玩具，同时即时呈现实物或图片，这样便于教师引导，同学们理解。

有时，笔者会提前收集学生准备的资料，在课堂中呈现，便于全班学生的学习。以统编版教材三年级上册《那次玩得真高兴》为例阐述。

【案例】

在教学统编版语文教材三年级上册《那次玩得真高兴》时，笔者把学生们找的一次活动的照片做成了一个幻灯片，配着音乐播放。然后请同学们交流：你对哪个同学的活动比较感兴趣？接着随机采访了几位同学：这是你在哪里拍的？说说你在玩什么？

这次的交流效果非常好。短短几分钟，学生不仅相互了解了准备写的事情，同时可以激活相同的体验。在学生的讲述中，笔者不断看到有类似经历的学生那激动的神情。在写作环节，也确实发现了一些学生因为交流后，变换了写作素材。所以学生间的交流，可以促进旧知的激活。

2.利用录像再现

统编版语文教材四年级下册第一单元习作"我的乐园"，学生有一半选择了写校园，还有的写自己的房间、图书馆等，但这是学生第一次用方位顺序介绍地方。虽然笔者布置了再逛一逛你的乐园、画画方位图的任务，但根据以往的教学经验，学生在描述时仍然会方向混淆、描述不清。因此，笔者事先拍了一段校园的风景，在课堂伊始播放，让学生跟着镜头游校园，在校园的一些地方，笔者还直接写上了名字，以便准确地表达。

五星教学原理指出，在学习新知前，教师要努力营造与新知相关的情境，调动学生情感，以便其更好地理解新知。如用动手做做、阅读书籍、前习作单等策略，最大限度地引导学生回忆原有经验、提供新的经验、明晰知识结构。只有拥有了这样的激活旧知环节，学生才能在习作中更好地运用习得的语言和技巧进行表达。

二、示证新知原理的六大习作教学策略

示证新知环节简单地说，就是提供样例，样例也称为例题，指的是包含详细解答步骤的问题。这个样例，紧扣目标、提供指导，运用媒体促进。在习作教学中，样例就是范文。这个环节，

最大的特点是教师可以直接呈现范文，解决或回答学生写文章时会碰到的难点，供学生模仿和学习。相对于单纯的问题解决学习，提供样例的学习不仅能让学生在较短的时间内习得相关的知识技能，而且知识的迁移效果好，并有助于减轻学生学习时的必要认知负荷。

虽说作文是个人情感的表达，表述的内容大于表达的形式。但正如"习作"这个词所表述的"学习习作"一样，对于刚起步学习作文的学生来说，他们还处于需要方法和技术的阶段。因此习作和其他知识学习一样，依然有方法可寻，学习的过程非常有必要。

提示示证、文章示证、口语示证、比较示证、微课示证等各种示证的方法，都旨在运用形象的方式，使学生理解新知，从而实现习作的高效。

（一）提示示证，充分利用习作板块

语文教师都知道阅读和习作息息相关。因此，无论是统编版教材，还是人教版教材，从三年级开始每个单元都是由课文加习作组成，它们之间要么是以同一主题内容组合在一起，要么是以同一写作方法组合在一起。比如统编版教材三年级上册第一单元的主题是学校生活，编排的课文是《大青树下的小学》《花的学校》《不懂就要问》，习作题目是《猜猜他是谁》，让学生选择一个同学写几句话或一段话。可见，这个单元的习作和阅读便是按同一主题内容组合在一起的。三年级上册第六单元的主题是大好河山，选择的课文《富饶的西沙群岛》《海滨小城》《美丽的小兴安

岭》都是围绕一个意思写的；习作题目是《这儿真美》，让学生"试着运用课文中学到的方法，围绕一个意思写"，这个单元的编排则更侧重于将同一种写作方法组合在一起。

其实，如果我们仔细阅读每个单元的习作，可以发现习作板块就有很好的示证，也就是说教材习作板块里的提示本身就有示证的作用。

"猜猜他是谁"是学生真正意义上的第一篇作文，也是教材首次出现的单元习作。教过这个单元的教师都知道这个习作内容和单元主题相似，但在写作技法上与前几篇课文的关系不大。仅有内容对于初学者来说，难以落笔。但习作板块呈现的四个方面是帮助学生理清思路的示证，很实用（见表9.1）。

在教学中，充分利用教材提示示证具有非常重要的意义，来看看此环节的示证新知。

表9.1 《猜猜他是谁》示证新知环节

语音	屏显（板书）
一、我说你猜，感受"特点" 1.同学们，我们来玩个"我说你猜"的游戏，好吗？ （1）黑脸短毛，长嘴大耳，圆身肥肚。穿一件青不青、蓝不蓝的梭布衣服。手提一柄九齿钉耙。（猪八戒） （2）圆脑袋，没耳朵，圆圆的手脚，左右各三根胡须，脖子上戴个小铃铛。爱吃铜锣烧，有个神奇口袋。（哆啦A梦） 说说你是怎么猜出来的。 2.小结：原来你们抓住了人物的特点，一下子就猜出来了。	

续表

语音	屏显（板书）
二、利用提示，感知"特点" 1.同学们，你们发现刚才我们所说的都是人物哪方面的特点吗？——外貌 2.是的，特点还有哪些方面？我们来看看这四幅图。请你和同桌交流下。 3.交流。 4.原来特点不仅包括外貌，还有性格、品质、爱好等。 5.我们再来读读教材中的这个导图，你还读懂了什么？特别是描写性格、品质、爱好的几个方面。 生：我发现写品质特点的，要先写他有什么品质，然后举个例子。 生：写人物性格和爱好的，不能写一句话就好了。要稍微写具体。 师：你们非常会学习。总而言之在说人物品质、性格、爱好的时候，你要先用一个词概括说人物的特点，然后再具体说一说。	

我们知道学习者对于知识的接受需要有形象的示证。对于初次接触习作的三年级学生，如果按照这样的流程：先让他们独立阅读教材习作部分，然后说说自己想写谁，有什么印象深刻的，就很难呈现优质的作文。因为缺乏示证的过程，也就是教学生怎么写。虽然教材提供了很好的写作指导，但如果没有教师的教授，每个学生的理解是不同的，况且对于还不满10岁的孩子来说，其思维的敏捷性、精准性还没达到成人的水平。准确地说，他们是无法读懂四幅图背后的意思的。

这个案例简单却清晰地展示了如何利用教材做好示证。教学中，教师充分利用教材提示，让学生两次发现提示的内涵：这四个方面都可以发现人物的特点，以及性格、爱好和品质该如何说清楚。课堂中充分运用图示呈现、学生思考和交流、课件显红标明等方式,让写作技巧变得更易接受、更清晰,为之后的应用做足功课。

教材中的习作板块,除了有写作思路的示证,有时也会有写作内容拓展的示证。这些对于刚刚起步学习写作的学生来说,非常必要。教学统编版语文教材三年级上册第八单元"那次玩得真高兴"时,笔者用教材中的四张图为示范,让学生知道习作内容可以写一次游戏、一次参观、一次户外活动、一次游乐。这样的示证就是引导学生围绕题目进行素材选择。教材中有个小泡泡"可以看照片帮助回忆,也可以跟当时和你一起玩的人聊一聊",这就是帮助学生运用"照片回顾""情景再现"等方式回忆过程,从而把事情写具体的方法。这也是一种习作前如何激活素材、如何学会审题的示证。

(二)文章示证,将阅读与习作结合

从教师"教"的角度来说,习作教学要与阅读教学紧密配合。从学生"学"的角度来说,要读写结合。一方面,在阅读文字材料的过程中,学生不仅可以从中获得思想的接收和内化,为习作练习进行铺垫,而且有直观的语言表达的模式,便于所有学生练笔时迁移使用;另一方面,习作的练习会不断地促进小学生阅读能力的提高。在读与写循序渐进的相互作用中,小学生的读写能力才能逐步提高。

对于初学习作的学生而言,模仿是最简单、最有效的方法。习作教学可以依托教材内的课文和课外阅读中的文章示证。

1. 课内文章示证，规范表达学习习作

小学生习作处于起步阶段，需要有范式的引领。课文是习作教学最好的示证的范文。第一学段通过课文中的句式练习，学会说好一句话、一段话；第二学段通过文章框架的梳理，学会组织文章的框架结构；第三学段通过文章表达的体会，学习不同的表达方式及语言风格。不管哪个阶段，都需要文章示证。教材中的一篇篇课文就是学生习作的一个个例子。

写句子是一二年级的难点，也是写话的基本组成。因此，笔者常常用课文中的某个句子进行示证，让学生体会句式的表达效果，然后模仿写句子。

【案例】

统编版语文教材二年级上册的《雪孩子》一课中，笔者将"雪孩子变成了一朵白云，一朵美丽的白云"一句话，改写并呈现为"雪孩子变成了一朵白云"。学生在比较中，发现两句话表达的意思是一样的，但前一句运用反复，更强调了雪孩子最终变成了一朵白云。最后教师请学生学着使用相同句式。于是，"我送给妈妈一朵花，一朵红艳艳的花""妹妹穿着一条裙子，一条五彩缤纷的裙子"……一个个充满情感的句子诞生了。

进入三年级，学生从写话过渡到习作。我们可以利用课文示证，搭建文章的框架结构，更好地帮助学生在头脑中建构新知识，让学生更清晰地了解一篇文章的组成，更好地迁移运用。因此，在阅读课中，我们会运用思维导图等，引导学生利用图示（表格）去梳理、明晰隐含在教材中的知识技能。

统编版语文教材四年级下册第四单元的主题是作家笔下的动

物。为了帮助学生在单元学习结束时能独立完成一篇关于自己喜欢的动物的习作，在课文学习时，教师应特别留意对课文框架结构的梳理。以这个单元的课文《白鹅》的框架梳理为示证案例具体阐述（见表9.2）。

表9.2 "习作：可爱的动物"学习时的示证新知环节

语音	屏显（板书）
一、初读课文，整体感知全文 1. 赶快打开课本，读读丰子恺笔下的白鹅吧！怎样读呢？你可以看看我这里的温馨提示。这篇课文难读的词语比较多，读的时候要注意有拼音的词。 2. 看看这些词语你会读吗？（略）	温馨提示： 鹅的高傲，表现在（　　　）中。
3. 抓文眼：高傲。 （1）读完课文后，你觉得丰子恺笔下的白鹅是一个怎样的动物？请你从文中圈出一个最恰当的词语。 文中哪句话告诉我们的？（出示：好一个高傲的动物。）（个别——齐读） 什么是高傲？看不起别人，自以为了不起，特别骄傲，就是高傲。 ——这么长的一篇课文，你们竟然把它读成了一个词语。 4.主要内容填空。 课文哪些方面体现了白鹅的高傲？课件出示"鹅的高傲，表现在（　　　）中"。 （1）请你快速默读课文，到文中找找，用波浪线表示。 （2）你们是怎么找到的？（齐读） （3）只有三个方面呀？（更，说明前面还有） （4）随机学习"姿态"。当我第一次看到白鹅姿态的时候，就觉得白鹅很高傲。什么是左顾右盼？谁来表演一下白鹅当时的姿态？（理解左顾右盼）白鹅就是这样的姿态，你能读出来吗？读读这句话。 （5）我们一起说。鹅的高傲，表现在（　　　）中。（随机板书）	白鹅 这只鹅，是一位即将远行的朋友送给我的。我抱着这只白的"大鸟"回家，放在院子里，它伸长了头颈（jīng），左顾右盼，我一看这姿态（tài），想道："好一个高傲的动物！" 鹅的高傲，更表现在它的叫声、步态和吃相中。 鹅的叫声，音调严肃郑重，似厉（lì）声呵斥，不亚于狗。养鹅等于养狗，它也能看守门户，后来我看到果然如此：凡有生客进来，鹅必然厉声叫嚣（xiāo）；甚至篱笆外有人走路，它也要引吭（háng）大叫，不亚于狗的狂吠（fèi）。 鹅的步态，更是傲慢了，大体上与鸭相似，但鸭的步调急速，有局促不安之相；鹅的步调从容，大模大样的，颇（pō）像京剧里的净角（jué）出场。它常常昂然地站着，看见人走来也不让步；有时非但不让，竟伸过颈子来咬你一口。 鹅的吃饭，常常使我们发笑。我们的鹅是吃冷饭的，一日三餐。它需要三样东西下饭：一样是水，一样是泥，一样是草。先吃一口冷饭，再喝一口水，然后再到别处去吃一口泥和草，大约这些泥和草里有各种可口的滋味…… 教师随机板书 白鹅 高傲 { 姿态 叫声 步态 吃相 }

续表

语音	屏显（板书）
二、学习白鹅叫声，初步感受特点 1.这节课我们来看看高傲的白鹅在叫声上有什么特点，作者是怎样具体描写白鹅叫声的？（指着板书） 2.读文章第三自然段，你觉得高傲的白鹅的叫声有什么特点？请你用横线画出相关词语。（严肃郑重、厉声呵斥、厉声叫嚣、引吭大叫） 3.谁来读读这些词语？哪些人是严肃郑重？ 4.那你来读读这些词？（厉声呵斥、厉声叫嚣、引吭大叫） ……	鹅的叫声，音调严肃郑重，似厉声呵斥。它的旧主人告诉我：养鹅等于养狗，它也能看守门户。后来我看到果然如此：凡有生客进来，鹅必然厉声叫嚣；甚至篱笆外有人走路，它也要引吭大叫，不亚于狗的狂吠。

《白鹅》是一篇结构特别清晰的文章，对于习作刚起步的四年级学生而言，是一个非常好的示范。在上面的课堂环节中，笔者询问了一系列问题："你觉得丰子恺笔下的白鹅是一个怎样的动物？请你从文中圈出一个最恰当的词语。""文中哪句话告诉我们的？""课文哪些方面体现了白鹅的高傲？""这节课我们来看看高傲的白鹅在叫声上有什么特点，作者是怎样具体描写白鹅叫声的？"，在阅读教学时已经用习作的思维教学，将课文作为例子梳理文章框架。

在研究"鹅的高傲，表现在（　　）中"时，一部分学生快速寻找到了"鹅的高傲，更表现在叫声、步态和吃相中"。能找到这句，说明学生已经有一定的总起句、总结句的概念，然后教师显红这句话，请学生朗读，再将"更"显蓝，学生立马明白了在这之前还有一个方面，于是从第一自然段中寻找到了"姿态"。

当然，最难能可贵的是教师在示证时除了用一系列的问题、课件呈现、颜色凸显等指引梳理框架，更将梳理的过程一步步呈现在黑板上,变成了思维导图。思维导图更清晰、直观地将课文结构一览无余地呈现在学生面前。从教育心理学的角度说,这样的呈现更有利于学生再现。

虽然阅读教学结束,但教师没有马上安排学生写作。因为习作往往安排在单元即将结束时,到那时,我们只需激活相关旧知,《白鹅》一课的思维导图立马"复活",课文的框架结构一定会助力学生的习作。

第三学段的课文示证主要侧重文章的表达方式和语言风格。如冯骥才的《刷子李》一文,写法独具特点。文章主要抓住刷子李的一个特点运用细节描写、正面描写、侧面烘托描写,把刷子李的技艺高超惟妙惟肖地描写了出来。在教学中,笔者围绕刷子李技术高,引导学生从刷子李和徒弟的表现中寻找依据。看似在进行阅读教学,实则指向的是如何写,为单元作文抓住人物的一个特点进行描写奠定基础。

运用课内文章示证,不仅是单独呈现示证,有时会根据学习需要,将多篇文章整合呈现示证。笔者在三年级下册的一堂聚焦语言描写的习作指导课《叮当猫的故事》中,同时呈现几篇课文中提示语的使用方法进行示证,让学生对提示语的几种使用方法更清晰(见表9.3)。

表9.3 "《叮当猫的故事》——聚焦语言描写"示证新知环节

语音	屏显（板书）
1.片段导航，独立思考 （1）我们来看看作家是怎么进行对话描写的？请组长从信封里拿出课堂练习纸发给组员。比比哪组速度最快。 （2）听清楚要求，请你快速阅读，先画出提示语，再想想你发现大家写对话有什么奥妙？可以把你的发现简单写写。看你能发现几个诀窍？	课堂练习纸 （练习纸内容片段）
2.交流 （1）我看到你们画了这些提示语，对吗？用手势告诉大家你发现了几个诀窍？（交流时随时板书） （2）体会提示语妙处。 这样写有什么好处？看看谁能读懂作家的心？ ●提示语位置变化——还记得三年级上册第四单元园地中的内容吗？——不枯燥 ●提示语加上合适的描写——让文章生动，让我们读起来如闻其声，如见其人。 ●提示语反映人物的特点。	板书： 生动 反映人物特点 提示语位置变化 加上动作、神态、语气 对话分段 呈现三上教材中的内容：

根据此案例我们发现，教师根据学情，巧妙地整合教材中的课文示证，以突破教学重难点。这个案例中的习作内容，并非教材规定的。笔者发现学生在写文章时，能写对话，但不会描写提示语，使得文章枯燥，缺乏画面感。于是，笔者创设了这节作文课，希望学生们能更丰富地表达提示语，使文章更生动。

当然，简单地传授不利于学生理解、掌握。于是，笔者从三年级下册的教材中找到了两处比较具有代表性的提示语描写，让学生画画提示语，想想大作家写对话的秘诀。由于有了课文的呈现，学生轻而易举地找到了提示语的三种位置的变化：提示语在前、在中、在后，同时呈现三年级上册语文乐园中的相关内容，因为学习心理学告诉我们，新旧知识的整合有利于知识的建构。同时，使学生发现写提示语时可以加入神态、语气、动作，而且提示语中不一定要出现"说"，比如"裁缝夹起布料就要走""急性子顾客挺纳闷"等作提示语。这么复杂的关于提示语的学问，教材一示证，就全部讲清楚、讲明白了。

为了便于学生吸收，笔者将课件配以相应内容的加红、画线处理，同时根据学生的发现，及时板书。有了直观的语料和板书梳理，对提示语描写的示证就非常充分。

2.习作单元示证，整体局面巧妙融通

初学写作的学习者，看到一个作文题目或者作文素材，最难的就是不知从何入手，不知道如何一步步地写。统编版教材从三年级开始，每册都有一个单元为习作单元。习作单元是统编版教材的一大亮点，以单元整体性视角将所有的教学内容、教学板块都指向于一篇作文的教学。其中习作例文一改其他版本的呈现方式，将借鉴、说明以及示范的作用真正呈现出来，为学生谋篇布局做了非常好的示证。

以统编版教材的第一个习作单元为例。该单元以"我们眼中的缤纷世界"为主题，其内容安排与常规单元不同。在两篇课文《搭船的鸟》《金色的草地》后，教材安排了"交流平台"，引导学生关注课文里渗透的留心观察和观察细致这两种观察方式，然后在"初试身手"部分，让学生用几句话写下自己在生活中观察到了什么。接着，教材呈现了《我家的小狗》和《我爱故乡的杨梅》两篇习作例文,取代之前的"语文园地""口语交际"。

笔者是如何充分使用这两篇习作例文,让它们发挥示证作用的呢?让我们看下表9.4。

表9.4 "我们眼中的缤纷世界"示证新知环节

语音	屏显(板书)
一、用例文,示证选材 1.这一单元,我们要写写"我们眼中的缤纷世界",你觉得可以写什么呢? 学生回答。(五花八门,难以落笔) 2.我们来看看这两个作文题目,你有启发吗? 生:可以写动物、水果、植物等。 二、用例文,示证谋篇布局 1.那可以用哪些方法把动物、水果、植物等描写清楚呢?我们这一单元的重点是观察,我们来看看这两篇例文是怎么写清楚的,请你先默读这两篇文章,边读边思考。 2.学习例文,梳理方法 (1)《我家的小狗》 经过仔细观察,作者发现"王子"是一条怎样的小狗?(淘气可爱)作者是怎么写出小狗的这个特点的呢?(学认字、同火车赛跑) (2)《我爱故乡的杨梅》 这篇文章,作者又是怎么介绍杨梅的?(外形、颜色、味道)你们能借助表格填空吗? 作者的观察真的很细致,把变化都写出来了。 (3)对比发现各自特点 两篇文章描写事物的方法相同吗? 小结:第一篇用事例,第二篇是从杨梅的外形、颜色、味道几个方面来写的。 三、用例文,示证表达 不管是写动物,还是写水果,我们都需要仔细观察,才能把文章写好,请你选择其中一篇,找找让你觉得作者观察仔细的地方,等下与同学分享。	课件: 习作主题: "我们眼中的缤纷世界" 《我家的小狗》 《我爱故乡的杨梅》 板书: "我家的小狗" 淘气可爱 学认字 同火车赛跑 仔细 事例 用好教材中的表格

以上环节呈现了习作单元如何利用例文帮助学生选材、谋篇布局和表达。将课文作为习作例文，意在让教师带领学生学课文、仿课文、用课文。那么，如何将习作例文运用得当，让学生在课堂上学法、得法，完成本单元的语文要素，是本次习作教学的重点和难点。

《我家的小狗》是一篇描写小狗"王子"淘气可爱的文章，《我爱故乡的杨梅》是一篇通过外形、颜色、味道描写杨梅的文章。两篇例文都是在观察细致的基础上的佳作，一篇选择动物，一篇选择水果；一篇运用事例描述，一篇从事物的几个方面介绍，为学生做了非常到位的示范。

一开始，教师呈现写作主题"我们眼中的缤纷世界"时，学生的回答是五花八门的：有许多好吃的、好玩的，有很多有趣的事……的确这些都是"缤纷"的，却很难用文字表达，或者说对三年级的学生来说，描写的对象不够具体，容易抓不住重点。教师直接呈现例文的题目，瞬间学生明白了某个动物、水果、植物也是这个缤纷世界的一部分，而且更容易捕捉。同时，根据三年级学生的生活体验，他们中的不少同学有养过动物、植物或摘过水果的体验。教师无需使用更多的语言，课件呈现例文题目，就解决了选材这个难题，这就是利用例文示证选材。

选材的大门打开后，该何去何从，不少学生是迷茫的。三年级的学生刚从写作内容比较明确的看图写话到从自己的生活中选择材料观察写作，往往会出现思路混乱、不会谋篇布局等问题。例文的第二个作用就是示证如何搭建文章框架，即提高学生谋篇布局的能力。在教师的问题"我们来看看这两篇例文是怎么写清楚的,请你先默读这两篇文章,边读边思考"的引领下,学生发现例文谋篇布局的方法,再在教师的引导下提炼例文的框架、梳理方法,以便达到触类旁通、反三归一的效果。如在例文《我爱故乡的杨梅》的梳理中,笔者充分利用教材表格,让学生填写,并适时总结可以从外形、颜色、味道等方面介绍水果;在例文《我家的小狗》的梳理中,笔者充分利用文章后面的思考题,让学生寻找小狗淘气可爱的部分——学认字、同火车赛跑,并让学生在两篇文章的对比中,发现这篇文章使用事例的方式描写了小狗"王子"淘气可爱的特点。通过例文,梳理写作策略(谋篇布局的方式),就如同指明了学生写作的方向。例文的这个示范作用,对于正在学习作文的学生来说太重要了。

学生知道可以写什么、可以用哪些方法谋篇布局还不够,因为真正落笔时,如何组织语言并表达清楚也是个难点,因此,例文的第三个作用便是感受语言。案例的第三个环节安排:请你选择其中一篇,找找让你觉得作者观察仔细的地方,然后与同学分享。这是个指向于表达的问题,让学生了解在文章框架下如何有条理地表述,让学生敢表达、会表达。

3.课外文章示证,多个渠道学习习作

阅读与习作的结合,不仅仅存在于教材内课文与习作的结合,也包括课外的文学作品阅读与习作的结合。

对于第二学段的学生,为了提高其对写作的兴趣,锻炼语言表达,笔者使用"童话习作"的方法,以童话为载体,让学生在创编童话的快乐中,轻松习作,可谓"四两拨千金"。

笔者会使用绘本或文学作品导航。统编版语文教材三年级上

第九章 改进习作教学的基本策略(上)

册第三单元的习作主题是"我来编童话"。笔者拓展了一节童话创作课,以绘本《小猪变形记》进行示证,让学生在赏一赏中,发现童话的密码,然后搭建情节图,再动笔创作。

下面以《循环结构编童话》框架梳理为示证案例具体阐述(见表9.5)。

表9.5 《循环结构编童话》示证新知环节

语音	屏显(板书)
赏一赏:欣赏例文,解读密码。 1.呈现例文 请你先自己读童话,画画你认为写得奇妙的地方,再在合作小组内交流阅读这篇童话后的感受。 2.分享感受 (1)欣赏想象,感受童话的魅力。 你们觉得哪里写得很奇妙? (2)欣赏结构,感受童话的特色。 整个童话连起来,你们有没有发现什么特点? (3)呈现情节图,发现创作结构。	(例文《小猪变形记》图片) 板书:新奇想象 合理有意思 还原循环 开头:小猪觉得很无聊,想去寻找好玩的事。 中间部分: 做了一对高跷装长颈鹿,向斑马炫耀,摔了一跤 | 画了一件新外套装扮成蝴蝶,向大象炫耀,被水一喷 | 挪了一根塑料管,耳朵上绑树叶装大象,跟装鼠炫耀,打了个喷嚏 | 绑两个大弹簧,矿着弹簧装袋鼠,向鹦鹉炫耀,弹到树上,被倒挂 | 做一对翅膀和一个大鸟嘴变成鹦鹉,跟猴子炫耀,栽进泥潭 结尾:突然一只猪告诉他当猪在泥潭里打滚很好玩,他试了试,才明白当小猪是最开心的事情。

从这一教学环节中,我们不难发现教师运用学生们熟知的《小猪变形记》示证,带领学生感受童话特点的同时,在潜移默化中发现童话创编的密码之一——循环结构。

从五星教学的角度分析,课堂中呈现的《小猪变形记》是本堂课学生学习的童话范例。它架起了"读"与"写"的桥梁。学生通过读《小猪变形记》,感受童话的特点(想象合理、有意思、新奇)。当然,由于学习任务需要,仅仅感受是不够的。于是,教师利用"整个童话连起来,你们有没有发现什么特点?"这一问题引导学生发现童话创编的密码——循环结构,并尝试运用情节图创编属于自己的童话。

五星教学原理提出,运用图示和颜色,能凸显重点,更好地帮助学生掌握新知识。此案例在示证时,利用图示、情节图把文字背后的密码显示出来,利用黑、红、蓝三色把小猪经过怎样的改变、变成了什么动物、再向谁炫耀这样的结构展示出来,让学生更能发现故事的结构特点。

同时,《小猪变形记》也是教师向学生展示学习后可以达成的完整任务。课一开始,就让学生对所要达到的学习有这样直观的了解,不仅让学生明确本节课的学习任务,而且也大大提高学习的指向性,对落实课堂效果大有裨益。

(三)口语示证,将说话与习作结合

说话是写话的基础,写话是说话的高级产物。作为起始阶段的一二年级,尤其要关注学生说的质量,从会说、说好,直到放手写。

在教学中,笔者将口语交际、说话与写话结合。不仅规范说话,同时也无痕地做到了其与写话的结合。在一开始的操作中,我们会利用"讯飞语记"软件,学生只需对着软件表达,软件可以自动将语音转成文字,家长只需略加整理,一篇小文章就诞生了。以一年级下册《蚂蚁搬家》说话(写话)为案例进行阐释(见表9.6)。这堂课的主要任务是聚焦单幅图的看图说话(写话)。

表9.6 《蚂蚁搬家》示证新知环节

语音	屏显(板书)
示证新知,学习编单幅图 1.初看图,了解内容 (1)(呈现图片)瞧,这些蚂蚁在干什么呀?(一群蚂蚁在搬家。) (2)是的,你们运用一句话"谁在干什么"把画面的意思说清楚了。 2.再看图,说清楚动作 (1)睁大眼睛仔细看,蚂蚁们是怎么搬家的呢?你能找到哪些搬家的动作? (2)蚂蚁们和我们一样也有自己的名字呢? (依次呈现:大美丽、小可爱、黑一一、黑二二、小不点) (3)借助句式,把句子说完整。 你能借助动词把谁怎么搬说清楚吗? (4)借助学习伙伴,在比较中学习把动词说具体。 有这么三位小朋友,他们看了图片,是这么描写大美丽的,谁愿意来读读?你喜欢谁的?(用手势)为什么? 请你仔细观察,选择其中一只蚂蚁把动作说具体。	课件呈现图片 板书:画面内容 板书:背、扛、推、举…… 呈现:

续表

语音	屏显（板书）
3.引导思前想后 （1）一位小朋友把刚才这幅画面写下来了，我们来听听。（听录音） （2）你觉得这位小朋友说得怎样？（用了动词，有声音。）有没有感觉还缺少了点什么？（开头、结果。） （3）猜猜首尾。 那我们来猜猜蚂蚁们为什么搬家呢？结果呢？ （下雨、换个有花有草的地方、奶奶不喜欢这个地方、雨季到了。）	板书：开头、结尾
4.编个完整故事 （1）利用框架尝试说整幅图。 就选择你们说的下雨了做开头，然后他们怎么搬，最后结果怎样？你能编个故事吗？ 为了帮助大家，老师给大家提供了一张说话卡。绿色的部分就是画面的主要部分，也就是你故事的重点，你一定不要忘了说清楚小蚂蚁们搬家的动作，显红的就是老师加的开头和结尾，当然有想法的同学可以试着自己编合适的开头、结尾。 （2）全班交流，评一评。	

此案例结合了一年级学生的学情，充分发挥了示证优势，循循善诱。

首先，运用一系列有梯度的问题，引领学生把画面说清楚。运用一句话"谁在干什么"把画面的意思说清楚；抓住动词，用一句话说清楚其中一只蚂蚁是怎样搬家的；运用学习伙伴的比较，把动作说具体；运用音频加文字的方式，在赏析中，感受小作家抓住动作把一只只小蚂蚁搬家说清楚，同时也感觉到了缺少首尾就会使文章完整性受到影响。最后，学生借助说话卡框架，尝试说整幅图。

其次，由于学生是第一次进行看图说话，笔者在每个环节中都进行了示证，可谓是大示证中套着小示证。以"再看图，说清楚动作"这一环节为例，笔者首先让学生看图说动作，同时，随机在黑板上板书动词"背""扛""推""举"等，然后，课件提供"大美丽（　）着行李"的句式，让学生借助句式说完整的句子，再利用"（　）（　）着行李"让学生自主从图中选择一只蚂蚁，寻找合适的动词说一句话，这就是一个示证后的应用。为了让学生更具体地表达动作，笔者还设计了学习伙伴，让学生比较"大美丽扛着一包衣服""大美丽（吃力地）扛着一包衣服""大美丽扛着一包衣服，（高高兴兴地往前走）"，并说说自己最喜欢谁的句子。这一学习活动的呈现起到了示范作用，而且也让学生在比较中感受到说话时可以把动作说得更有画面感。

五星教学原理强调，示证不仅仅是呈现新知识，更需要在过程中呈现正反例，让学生辨析、比较、反馈，在一次次的纠正中更好地掌握新知。这个示证环节无疑是最好的体现。

在示证的最后一个环节，教师运用一张说话卡，呈现给学生一篇完整的文章框架，对于起步阶段的学生是一种示范。说话卡，不仅仅是教学过程的总结，更是提高，比如示证的重点部分描述小蚂蚁搬家，说话卡中只提供了每句话的主人公，只是提醒学生在描写画面的时候要有序观察。学生可以根据自己的水平说句子。学习伙伴比较中的三种句子便是三个语言表达层次的学生水平。所以，说话卡体现了保底但不封顶的原则。

此案例利用《蚂蚁搬家》一幅图为示证的范例，通过一句话说主要内容；借助动词、句式说清楚画面；根据画面思前想后，利用框架完成整幅图的讲述。可以说"示证新知,学习编单幅图"这一环节,教师带着学生经历了整个学习过程。

(四)比较示证,将学生作品作为学习材料

虽然每个学生都有各自的特点,但同一年龄层次或同一个知识点呈现出的问题却有着共性,充分利用已有的学生作品作为示证的材料,能够事半功倍,突破难点。

特别是运用到第三学段的教学中,一步步教学,显然不能激发高年级学生主动学习的欲望。因此,对于每次习作中特别容易出现的问题,采用呈现以前学生的作品,让学生在比较中发现问题的方法,探究原因。这样的示证,效果非常好。

人教版六年级上册第七单元是《看图片报道,写故事》。习作提供了一幅反映社会现实生活的新闻图片。学生要根据图片报道,进行合理想象,然后写一个故事,做到内容具体、感情真实。

以下案例便是《看图片报道,写故事》的示证新知环节(见表9.7)。著名特级教师蒋军晶老师为了引导学生感受"好像在说"的使用,让学生领悟到如何"合理想象",让新闻更有画面感,就运用学生范文比较示证,让人眼前一亮。

第九章 改进习作教学的基本策略（上）

表9.7 《看图片报道，写故事》示证新知环节

语音	屏显（板书）
1.老师从以前学生的文章中，选了两篇作文，一篇是王程昊同学的，另一篇是黄之彦同学的。我从两篇作文中摘录了两个片段，比较这两个片段，发现有什么不同？ 生：一个用了拟人句，另一个没有用拟人句。 生：第一个片段里的动物，就像人一样能够直接说话。 生：第一段里的鸭妈妈、小鸭子换成人名，也没什么关系。就把我的名字换进去吧，大家读一读—— 把自己的名字代入第二句试试。 师：也就是说，第一个片段是把动物直接当人来写，是"动物直接说话"；另一个片段里的动物还是动物，说话是"好像在说"。两种写法没有好坏之分，例如第一种写法经常出现在一种体裁中，什么体裁？（童话） 2.现在老师做一个调查，两者比较，这篇习作你更倾向于哪一种写法？举手示意。 （全班都表示倾向于第二种） 师：你们都倾向于第二种，为什么？ 生：因为第一种写法没有新闻报道的感觉。 生：这是新闻报道，第二种写法更真实些。 3.这是王程昊同学写的作文，我们一起默读。 4.这篇文章我给他打了65分。现在我就按照你们所喜欢的，全部改成"好像在说"，分数能不能上升？为什么不能？（引出"恰当地使用"） 5."好像在说"的前面到底要写什么呢？（老师播放一段视频）请问，这只家鹅好像要说什么？ 6.都说这只家鹅想飞，为什么会有这样的共同感受呢？当中有哪些细节让你们有这样的感受？ 7.我们来看一看一位大作家是怎么描写刚才那个片段的。	课件呈现 王程昊 　　例：鸭妈妈说："还不赶快谢谢警察叔叔。"小鸭子支支吾吾地说道："谢谢警察叔叔。" 黄之彦 　　例：一路上它高兴地扑闪着翅膀，"嘎嘎"地叫着，好像在说："谢谢！谢谢！" 播放《戴脚环的大雁》视频片段

续表

语音	屏显（板书）
8.师：这个片段中"好像在说"的前面写了什么？ 生：写了家鹅的动作、目光、叫声等。 师：而真正说的内容却只有短短一句话。现在回到之前的图片报道，哪几个场景可以用上"好像在说"？	村边上，院落里的家鹅骚动起来，它们本来是早忘了往日的自由了，但是听到大雁的鸣叫声，莫名的激动又会被撩拨起来，带着一种冲动向天空涎涎地扑动翅膀。翅膀对于它们来说只是一种装饰，因此只能在地上扑腾。它们长时间地叫唤着，叫声穿越天空，听起来很是苦闷和凄惶。它们鼓喉着铁丝网，发现要啄开它根本是不可能的事，眼神中透出一种无奈的悲哀和忧伤，好像在说："我要回家，天空才是我的家。"

此环节费时不多，但轻而易举地就把新闻报道的写作方法教授给了学生。在整个过程中，教师的主要工作是引导学生思考，这与五星教学原理的宗旨不谋而合。教学更多是为了学生的学，因为学生才是学习的主人，要自己主动发现，主动探究，主动建构知识。

教师根据以往的教学经验，发现学生在进行看图片写报道时会使用四年级的童话描写的方式，这样就有悖于新闻报道的描写。于是笔者有选择地选取了两位学生的文章片段，在比较中，让学生自己发现"好像在说"更适合这次习作，同时在描写提示语时，要凸显该动物的特点。但也不是随便加上"好像在说"就可以了，教师再次呈现加上了"好像在说"的学生的文章，让学生说说修改后的感觉。在反例的示证中，学生明白了什么是"恰当地使用"。于是，呈现《戴脚环的大雁》视频，让学生欣赏并说说大雁好像在说什么，从哪些细节感觉到，再呈现《戴脚环的大雁》一书中与视频相匹配的一段文字。这一部分的示证运用学生习作前后比较、学生描述与文学作品描述的比较，在比较中，让学生明白习作时应抓住动物的细节进行刻画，而不是仅仅呈现动物的语言。

在笔者执教的一节五年级习作课《增声添姿成佳作》里，笔者利用郑渊洁老师的作品和同龄人的文字,让学生在对比中,感受声音在文章中的作用(见表9.8)。这样直接的比较,教师说教冲突更明显、效果更好。

表9.8 五年级习作课《增声添姿成佳作》示证新知环节

语音	屏显(板书)
例文导航,初识听觉,明确任务 1.大作家作品导航 (1)你知道中国的童话大王是谁吗?那他笔下塑造过哪些人物?为什么他的作品这么吸引我们?我们翻开其中一本书《皮皮鲁和教室里的隐身人》,来听听书中的几段话。仔细听,边听边想,你仿佛看到了什么,又听到了什么? (2)交流:听了这段话,你仿佛看到了什么,又听到了什么? 学生回答:我仿佛看到激烈比赛的场面。我仿佛还听到了一阵"噼里啪啦"的嗑瓜子声。 师:你边听边想,还加入自己的想象,真好!(板书:想象) 2.同龄人作品导航 (1)就像同学说的,这段话因为有了声音,让我们很快想象出了画面,使我们的文章有声有色,大作家的作品如此,那与我们年龄相仿的学生呢?请你仔细读读同龄人写的片段,想想这段话在写法上有什么特点?(出示课件)	学生听录音想象。(播放) "现在宣布比赛规则。"大会主席说,"每个运动员发十万颗瓜子,谁先嗑完,谁就是冠军!" "预备——嗑!"裁判员喊道。 只听得一阵"噼里啪啦""噼里啪啦",运动员们争分夺秒地嗑着。 皮皮鲁嗑一颗吃一颗,觉得挺好玩儿。可他歪过头一看,好家伙,旁边那个女孩子已经吐了一大堆瓜子皮,自己身边只有一点点。

续表

语音	屏显（板书）
（2）交流：这段话在写法上有什么特点？ 学生回答：有许多描写声音的词。像哗、滋、当、哈。 师：是的，文章中增添了描写声音的词。文章中有了声音，就能使文章有声有色，使读者如闻其声，如临其境。（板书：增声）还可以在文章中添入看到的动作（添姿），这样文章就能成为一篇佳作。	勤快的爸爸一下班就钻进了厨房。水龙头"哗哗哗"唱起了歌，给嫩绿的小白菜们洗了个澡。"滋——滋"爸爸将白菜倒进了锅里，用铁铲不断地翻炒着，"当当当"，铲子和锅底亲热地打招呼。放上佐料后，爸爸从橱柜里拿出一个瓷盘，盛上刚炒好的小白菜。"开饭喽！哈哈哈……"一首热闹的锅碗瓢盆交响曲在爸爸得意的笑声中结束了。

此环节，教师利用学生熟悉的大作家的作品和同龄人的作品示证，在品析的过程中，有层级地揭示本节课的思路，并运用板书辅助——呈现，使学生渐渐明白要使文章有声有色，就要把自己听到的、看到的写到文中，还需要有一定的想象，本课的教学目标也很快呈现。

同时，大作家的作品的呈现方式是利用同龄人的朗诵，让学生边听边想。这种使用语音的方式，能更好地聚焦示证新知。

（五）微课示证，将虚拟空间与课堂结合

示证新知环节并非所有的知识都是由教师讲解或告知学生的。微课示证也是一种非常有效的方式，它能将语音和图示同时展示出来，更利于学生理解、消化。

"我最喜爱的玩具"是统编版语文教材二年级上册第三单元的写话主题，这也是教材中第一次出现写话。教材以图文结合的方式呈现，不仅对"写什么"做了引导，还提出写话格式的要求。

对于第一次写话的学生来说，如何掌握基本的写话格式是学习的一大重点，也是低学段写话教学的重要目标。怎样把这些知识更直观地呈现给学生呢？微课就是一种很好的示证形式。它把抽象的写话格式用动画形式呈现出来。例如，在教学"标点符号占一格"这个写话格式要求时，微课把每个方格变成了一间小屋子，让标点符号都住到一间间的小屋子中去，这种儿童化、直观化的形式让学生印象深刻。当标点符号在最后一格时，不能换行顶格写，而是要和最后一个字写在同一个方格里。微课把这个标点排列规则用动态的方式演示出来，把复杂的知识点分解细化，重点指导。这种边说边视频同步呈现的方式，帮助二年级的学生更直接、清晰地理解意思，事半功倍。

经过教师的指导和微课的学习，学生们的一篇篇充满灵气、格式正确的写话诞生了——

陈××：我有一条小虎鲸。她的身体呈细长条。她的嘴巴宽宽的，又小又亮的眼睛像黑珍珠一样闪亮。她披着黑色衣裳，露着雪白的肚皮。

吕×：在我的房间，有一只"小肥猫"。它大大的脑袋，披着灰色的衣裳，露出雪白的肚皮，眼睛弯弯的，像月牙一样。

沈××：我有一只小狗，她是同学送给我的生日礼物，非常乖。她穿着红色的衬衫，头上扎着一条又细又长的马尾辫，圆圆的脸蛋上有一双又小又黑的眼睛。小小的鼻子做成奶嘴型，好像小猪。

在低年级写话教学中，提供同伴范文是一种立竿见影的教学方式。由于同伴范文水平相当，学生不会望而生畏，反而增强了学习的兴趣和热情。同伴范文把抽象的写话方法转化为生动形象的文字,成为学生可借鉴、可模仿的学习资源,便于写话时打开思路,自由表达。

(六)动画示证,将生活感受与写作内容结合

在习作教学中,我们常常会碰到学生无法写清楚画面的情况。那怎样示证把画面写清楚呢?二年级下册第四单元的写话"蛋壳的妙用"呈现了4幅图,要求学生看图发挥想象,借助词语按时间顺序写话。教材为写话提供了3个方面的内容:第一,思路提示:小虫子、蚂蚁和蝴蝶用鸡蛋壳做了哪些事情?它们有什么有趣的经历?把它们一天的经历写下来。第二,表示时间的词语提示。第三,借助图画内容提示。

这是学生第一次接触多幅图的写话,最难的就在于怎样把它们有趣的经历写好。在课堂上,笔者以第一幅图为例子,引导学生把经历说有趣(见表9.9)。

表9.9 二年级下册第四单元写话"蛋壳的妙用"示证新知环节

| (1)师:我们以第一幅图为例,你觉得还可以说些什么呢?随机板书:怎么做?(写出动作)怎么玩?
(2)联系生活:谁玩过跷跷板,怎么玩的?
生:我和小伙伴坐在跷跷板的两头。
生:一会高,一会低。
(3)让我们来看看这个动画,请你说说它们是怎么玩跷跷板的。 | |

从这个示证中,我们可以发现教师采用了三个步骤:你觉得可以说些什么、谁玩过跷跷板、看动画说画面,帮助学生说清楚蛋壳变跷跷板这个有趣的经历,特别是动画的呈现,让这幅静止

的图片成了动态的,不仅帮助了没有跷跷板游戏体验的学生,也帮助了那些玩过跷跷板但记忆模糊的学生。

动画是笔者利用动画定格的方式制作出来的,先剪好图片中的角色、道具,然后通过一步步地摆放、定格,最后制作成一个连贯的运动的画面。动画示证的主要作用就是突破静止的画面,把经历的过程说清楚。因为这一过程教师很难用语言教授,而动画能将这一棘手问题轻而易举地破解,且效果出奇得好。我们来看看学生的作品:

早上,它们幸运地在草丛里找到了一个蛋壳。蝴蝶问:"你们想玩跷跷板吗?"小虫子和蚂蚁异口同声地说:"想玩,当然想玩!"蝴蝶说:"蚂蚁,你把蛋壳倒扣过来。小虫子,你把那儿的树枝推过来,然后一起挪上去,小心别弄碎了。"一个跷跷板就这样做好了,它们一上一下地玩起了跷跷板。(祁××)

早上,小虫子、蚂蚁和蝴蝶捡到一个蛋壳,它们把蛋壳反扣在地上,再找来一根木棍,小虫子和蚂蚁齐心协力,把木棍挪到了蛋壳旁;蝴蝶把木棍放到了蛋壳上。这样,一个简单的跷跷板就做好了。蚂蚁和小虫子一上一下,开开心心地玩着,蝴蝶在天空中飞着,为它们哼着愉快的歌曲。(章××)

第十章 改进习作教学的基本策略(下)

一、应用新知原理的四大习作教学策略

相对于阅读教学来说,语文教材习作教学的应用新知环节做得相对较好。这是因为有一个客观条件:从三年级开始,每个单元后都有相关的习作。但有应用,并不意味着一定有效果。首先得关注此环节是否是示证新知后的应用新知,也就是说,如果只是把习作的题目给学生或者让学生运用课文中学到的方法写文章,没有一定新知的应用,此环节也只是完成一篇习作而已,对学生写作能力的提升是微乎其微的。其次,应用新知时,学生还会出现对新知理解上的偏差,需要教师及时反馈,学生及时调整。如果没有这样的指导,应用的效果不佳,学习效果也将大打折扣。

应用新知原理是让学生在练习运用中,检测自己是否领会知识。这是学生将新知内化的关键一环。识别操练和应用操练是应用新知类型中最主要的两种。就习作教学而言,主要是应用操练,即让学生在一个拟定的习作内容或题目下练习新习得的写作技能。

那么在习作教学中，我们经常会用到哪些应用新知的策略呢？

按照材料的来源可以分为：教材中的习作内容，包括话题、图片等；教材中除规定习作内容外的，教师自主开发的习作素材；教材外的习作内容，包括学生生活、动画片、视频等。

（一）针对教材中习作的应用新知策略

从三年级开始，学生正式进入了习作阶段。教材中的习作内容自然是应用新知的关键内容。众所周知，习作不仅仅是技能，习作的内容也是学生在习作中常碰到的一大问题。

以统编版语文教材三年级上册为例，笔者将教材中的8次习作提示进行梳理归类（见表10.1）。

表10.1　统编版语文教材三年级上册习作主题侧重点梳理

习作主题	侧重方面	习作主题	侧重方面
第一单元：猜猜他是谁	写作技巧	第五单元：我们眼中的缤纷世界	写作技巧
第二单元：写日记	写作技巧、日记格式	第六单元：这儿真美	写作内容、写作技巧
第三单元：我来编童话	写作内容	第七单元：我有一个想法	写作内容
第四单元：续写故事	写作技巧	第八单元：那次玩得真高兴	写作内容

根据此表，我们不难发现，教材中的习作提示主要分写作内容和写作技巧两个方面的引导。

1.利用教材范文（提示），进行写作技能迁移应用

（1）习作单元，这样迁移应用

习作单元是统编版教材在编写上的一个创举，由于习作例文完全指向学生的写作实践，与教材中精读类文本有着较大的区别，

我们无须引导学生进行精读与细读，这就意味着统编版习作单元中的例文不仅可以从整体运用和片段局部运用两个层面落实，也可以在示证、应用时运用，充分发挥例文的作用。

依然以"我眼中的缤纷世界"这一习作单元为例。在学习《我爱故乡的杨梅》一文的示证环节，我们使用教材的表格，帮助学生梳理作者从外形、颜色、味道三方面观察杨梅。之后，笔者问学生：如果请你写橘子，你会怎么观察？学生很快迁移运用：也可以从橘子的外形、颜色、味道观察。

然后，笔者拿出事先准备好的橘子，请学生描述橘子的外形。对于橘子大小的描述，在学生口头描述后，笔者呈现《我爱故乡的杨梅》中描写杨梅大小的句子"杨梅圆圆的，和桂圆一样大小"，让学生模仿对比的方式表达。于是学生说："橘子扁圆的，小如乒乓球，大如海洋球。"这样的观察表达更到位。描述橘子颜色时，也同样呈现习作例文中"杨梅先是淡红的，随后变成深红，最后几乎变成黑的了"，然后让学生运用句式"先是……随后……最后……"，写出橘子颜色的变化过程。在学习迁移后，学生说："没有成熟的时候，橘子是绿色的，随后变成黄绿相间的，等完全成熟后，它就变得黄澄澄的了。"虽然学生没有使用例文中的句式，但我们发现他学习了例文把观察到的颜色变化过程写出来了的表达方法。这是更高层级的迁移，因为他已经加入了自己的理解。

当然，在学生模仿习作例文、列好思维导图后，同样，也可以与习作例文进行比较，修改、完善思维导图。在学生形成自己的一稿作文后，笔者还会再紧扣与习作例文的对比，引导学生发现自己草稿中存在的问题,将教学点聚焦在文本深处,为自己的修改和完善指明方向。

立足习作例文的示证和应用,这一单元学生习作质量特别高。笔者认为这和充分利用教材呈现的两篇习作例文不无关系。

(2)园地习作,这样迁移应用

在教材中,绝大部分单元是常规单元,也就是在单元课文结束后,安排一个习作内容。习作提示往往就是短短的100字左右。但习作的提示不可小觑,它往往渗透着习作内容和习作技巧。

在上一章中,我们已经提到了统编版语文教材三年级上册第一单元的"猜猜他是谁"的习作示证,一页纸内容不多,示证的却是学生习作选材、构思、写作及写作后展现(见表10.2)。

学习者的学习过程,并非有示证就表示习得,应用中的反馈、调整是非常重要的。虽然通过教师的引导,学生从提示中明白了可以从外貌、性格、品质、特长几个方面描述对方,但这仅仅停留在认知层面,而要将认知转化到应用中,需要有迁移的过程。作为教师,我们要认真解读教材,用好教材的示证,更重要的是要引导学生学着应用,将知识转化成自己的能力。

表10.2 "猜猜他是谁"应用新知环节

语音	屏显（板书）
一、问题提示，链接生活 1.同学们，刚才我们通过导图，知道了要介绍人物的特点，可以从外貌特点、性格特点或特长、品质特点描写。不管怎样，要抓住同学让你印象深刻的特点。 2.其实每个人都有自己的特点。你准备选谁？他有哪些地方让你印象深刻呢？你准备从哪些方面写呢？请你想一想，学着黑板上的板书列列提纲。	
二、试列提纲，反馈交流 1.好，静静地思考下，列提纲吧！ 2.交流提纲，会抓重点。 （1）老师找了两位同学的提纲，请你们来评一评。 生1：A同学四个方面都说到，但具体怎么写没有，我建议不要写这么多方面，可以少写1个或2个，把写到的方面想具体。 生2：我觉得B同学的提纲列得很具体，我知道了她准备从外貌、喜好、特长这三个方面写，而且也知道了比如写"喜好"，她准备写这位同学总喜欢和好朋友围着大树跑。 生3：我想给B同学提个小小的建议：可以把"喜好"改成"性格"。因为围着大树跑说明她是一位活泼好动的同学。 （2）修改。 3.根据提纲，介绍人物。 （1）请一位同学看着自己的提纲说说，但不能出现名字哦！ 生1：我介绍的这位同学有一双炯炯有神的眼睛，一个小小的鼻子，一张樱桃小嘴。性格比较内向，下课时经常坐在教室里看书。她跑步速度很快，经常代表我们班比赛呢！ 生：是李××、沈××、陈××？ 师：她围绕人物的外貌、性格、特长都进行了描写，怎么还是猜不出是谁呢？	A同学 B同学

续表

语音	屏显（板书）
生：虽然她从三个方面介绍了人物，但还是没有抓住人物令人印象深刻的地方，比如炯炯有神的眼睛、小鼻子、樱桃小嘴，我看不少同学都是这样的。我觉得还要仔细观察人物的外貌，包括性格、特长可以写得再准确些。 师：如果她写的是沈××，你会怎样介绍外貌？ 生：她个子不高，整个人瘦瘦的，似乎没什么肉。一双炯炯有神的眼睛里，充满智慧。她经常喜欢盘头发。 师：说说你为什么不说她的鼻子、嘴巴？ 生：因为我认为沈××外貌中最大的一个特点就是瘦小，还有就是发型，班里女生没有谁是这个发型的。鼻子、眼睛没啥特别的地方，我就不说了。 师：就像教材中描写鲁迅外貌时写他的头发和胡子一样，对吧？看来你理解了什么叫特点。还有谁想说说自己的提纲？ 生2：他的门牙又大又歪，像嚼过的口香糖。眉毛上的痣像一颗红豆，圆圆的，很可爱。而且他还很调皮。有一次，我在跟他玩的时候，他用力地捏着我的脸不肯放，直到我说痛了，他才嬉皮笑脸地放手，一溜烟地跑了。 生：包浩天。 生讲述理由。	

在这个案例中，教师运用"你准备选谁？他有哪些地方让你印象深刻呢？你准备从哪些方面写呢？"这些问题的引导，让学生从示证走向应用。然后让学生借助板书，试着列提纲（也就是文章的框架）。不要小看提纲，它就像个支架，不仅让学生整体构架文章，而且让学生在习作时胸有成竹，同时也能避免一些可能出错的问题。

但所有的知识不是示证后一应用就能人人掌握的。在这个案例中，教师在学生列好提纲后，让学生对比两位学生的提纲评价，知道不要面面俱到，在每个特点后面还需要有关键词。同时，这个提纲对于三年级尚处于习作起步阶段的学生帮助非常大。在根据提纲介绍人物时，学生进一步感受到了示证时所说的介绍外貌要抓重点。第一位根据提纲讲述的同学属于班级中等水平，呈现出的问题能代表班级绝大部分同学——没有写出"印象深刻"。然后请学生帮助这位同学一起描述外貌。在这样的对比、交流、反馈、修改中，在同伴互助、教师点评中，这篇作文已经成型大半了，学生在这样的反馈和引导中也渐渐明白怎样把提纲"化"开来。这个应用的过程充分展现了学生学习知识的过程。正因为有了充分的应用新知的过程，学生最后呈现的作文才非常成功。

有了这样的应用新知和交流、反馈，再根据学生呈现的问题，进行适当的补充示证后，学生修改了提纲，然后根据提纲习作。虽然学生们是第一次习作，但写得不亦乐乎。

2.利用教材提示，拓展写作内容迁移应用

习作的示证不仅要关注写作技巧，也要关注写作内容的迁移应用，让学生不是为完成任务而写作，而是把习作变成一件让自己感到快乐的事去做。

童话是学生特别喜欢的一种文体，可以说，没有一个孩子不喜欢听童话。但让他们写童话，可谓是一个"浩大工程"。童话的情节和道理是决定一个童话的关键。如何让三年级的学生像快乐地听童话故事一般，沉浸到快乐地创作中，我们在写作内容的应用扩展中动足了脑筋。

统编版语文教材三年级上册第三单元的习作主题是"我来编

童话",和第一单元的"猜猜他是谁"一样,教材也提供了示证部分。教材利用呈现主人公、时间、地点的词语,让学生运用想象画面的方法编写童话(见表10.3)。

在应用中,紧紧抓住"故事里有哪些角色?事情发生在什么时间?是在哪里发生的?他们在那里做什么?他们之间发生了什么故事?"展开交流。为了让每个学生都有足够的时间思考自己的童话,笔者将以上问题设计到了习作构思单中。

在学生思考、填写后,进行充分的全班交流、小组交流,然后评价与修改。我们来看一个交流小片段吧!

表10.3 "我来编童话"应用新知反馈交流环节

语音	屏显(板书)
一、根据构思图,四人小组交流 师:由于课堂时间有限,请你们在四人小组中根据构思单讲述自己的故事,然后推荐你们认为编得比较好的童话,等下全班交流。 (评价标准:是否根据要求说清楚主人公、地点、时间、做了什么;童话是否让你明白了什么道理;你觉得吸引人吗?) 四人小组交流童话。	
二、小组汇报,全班交流、反馈 1.小组推荐,说推荐理由 师:说说你们认为编得比较好的童话,别忘了根据评价标准,说清楚理由。 小组1:我们特别喜欢君奥的这个童话,他主要讲了星期天,小米球去找帽子,找了三次,最终什么都没找到,它明白了自己不适合戴帽子。我们觉得这个童话不仅让我们明白了一个道理,而且主人公选得很有意思,是我们吃的小米球。 小组2:我们推荐的是秦源的故事,他的故事很有趣,啄木鸟成了快递员,但前两次都因为一心二用,没有成功,直到第三次才成功送出快递。这个童话是有一定道理的,同时,我们觉得让啄木鸟变成快递员,挺有意思的。	

续表

语音	屏显（板书）
2.同学评价、交流 师：你们觉得这两个小组推荐的童话怎样？ 生：我觉得他们很有想象力，君奥把主人公设定成我们的食物小米球，我都没想到。快递员是我们现实生活中的一个职业，让啄木鸟变成快递员，我觉得很有意思。 生：我觉得君奥的童话，还很符合现实，鳗鱼比较长，所以小米球戴不了它的帽子；三文鱼比较贵，所以它的帽子也贵；金枪鱼的帽子和金枪鱼一样有刺，所以帽子扎肉，我觉得他的课外知识也很丰富。 生：对于秦源的童话，我觉得让啄木鸟变成快递员可以，但啄木鸟怎么和飞机去比赛跑步？啄木鸟的特点应该是为树治病，感觉故事有点…… 师：同学们说得都很有道理。第一次创作童话，能有这样的思维很了不起。我们一起来总结：首先，我们选择的主人公要有个性，可以是食物、人类、动物、植物、用具等；其次，虽然是童话，但是要符合现实基础，你不能让兔子游泳，鸭子长三瓣嘴吧？好，根据反馈，你可以再修改下你们的构思单。	

教材示证只是提供了一个参照而已。这次习作的提示，告诉我们的是先想好主人公、时间、地点，然后想想它们之间会发生什么？虽然也提供了一定的内容供选择，但我觉得应用就是学生根据自己的喜好和生活，选择想写的主人公和故事，迁移教材提供的构思方式。

因此，这次示证后，我没有让学生只按课文提供的三个人物、三个地点、三个时间编童话，而是通过学生构思单的反馈，引导学生打开创作的思路，可以写动物、植物、人类、食物、用具等。只有让学生真正成为自己作文的主人，他们的写作欲望才能更强烈。

当然，应用不仅可以在交流时放大优秀学生的思维方式，激发全班同学的思考,更需要把学生不妥的地方指明。因此,第一次写童话当然得告诉学生:童话不仅仅需要丰富的想象力,更不能脱离现实凭空臆造。有了这样的应用与反馈指导,第一次童话作文必定丰富多彩。

3.利用教材内容,开发习作迁移应用

毫无疑问,教材中的习作是学生学习习作的材料。但学生写作水平的提升仅靠教材中的八次习作是远远不够的。作为教师,还要有一双能开发教材的敏锐的眼睛,把教材中的一些可以为写作提供帮助的其他内容作为写作素材。比如教材中的口语交际、插图等。

对教材习作内容的开发,可以分成一二年级的为写话作准备的"临摹"说话和三到六年级的习作练笔。

(1)用好口语交际,"临摹"应用。

第一学段的学生,虽然还没到习作的阶段,但可以做好习作前的准备。学生优秀的口语表达能力并非与生俱来的,而是在后天的环境和训练中习得的。教材中每个单元的"口语交际",为学生提供了说话写话的内容,是训练学生说写的良好素材。特别是讲故事,更是值得好好应用的载体。

统编版一年级下册的第一个口语交际内容是一边看图,一边听教师讲《老鼠嫁女》的故事,然后自己讲讲这个故事。这个内容不仅是培养学生表达能力的素材,也是学生模仿说话的好素材。教师讲述的故事就是示范,学生的讲述就是应用。为了帮助学生更好地讲述,我们在教学中运用:让学生逐一说图、评价—带领学生梳理故事中的人物—发现特点。当然,教学时间永远是个常量。在课堂上，也不可能给每个学生完整讲述的时间。因此，笔者让学生回家讲给家长听，然后用"讯飞语记"录下来。当晚，笔者会阅读所有学生的语音记录，挑选其中具有代表性的，第二天在班级进行交流、点评。后期还可以复制粘贴、编辑，形成学生的小作文。以下是两位家长发的"讯飞语记"截屏（见图10.4）。

图10.4 《老鼠嫁女》"讯飞语记"截屏

"讯飞语记"是一款能直接把语音转成文字的软件，在第一学段使用起来特别方便（尽管有时标点不是很准确）。在应用新知的时候，我们完全可以使用这样的软件，让每个学生都有说的机会。短短1分钟的讲述，能让学生和家长看到那么长的一篇文章，学生内心的成就感可想而知。

语言学习本来就是从模仿开始的，而且这样便捷的记录，不仅便于每个学生有锻炼的机会，便于教师知晓所有学生的模仿和学习情况，更是为学生走上习作的学习之路搭好台阶。

五星教学原理指出，有目的的练习是非常重要的。特别是对

第十章　改进习作教学的基本策略（下）

于低学段的学生，就如这次口语交际中讲述《老鼠嫁女》的故事一样，只有扎扎实实地上好口语交际课，让每个学生都参与说，让每个学生都输出，我们才能知道学生是否真正发现了故事的特点，真正地将知识内化。因此，在低学段运用这样的"临摹式"说话就是一种非常有效的应用新知的方法。

（2）用课文句式，活学活用。

任何语言的学习都是从模仿开始的，就像婴儿学说话一样。而入选教材的课文都是文句兼美、表达规范的示证。模仿课文的句式写句子、段落，也就是我们说的"仿写"，对初学者而言是一种很实用的应用方式。

统编版语文教材一年级上册的《四季》是一首童趣浓厚的诗歌。课文按照季节的顺序，抓住季节的特点，运用对话和叠词的方式描写，而且句式举一反三，非常适合学生迁移运用。

（什么）（怎么样），他对（谁）说："我是（什么）天。"

（谁）（怎么样），他（怎么样）地说："我是（什么）天。"

这种基于课文示证学习的语言应用，对起始阶段的学生而言，是非常有价值的。于是，笔者让学生模仿课文的句式，写写自己的《四季》，然后再选择自己喜欢的一个季节，画一画（见图10.5）。

从上述这位学生的作业中，我们发现学生不仅需要模仿使用叠词，还

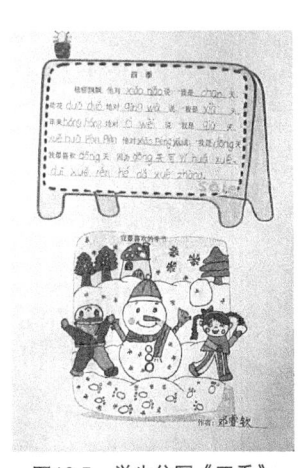

图10.5　学生仿写《四季》

需要对这个季节的景物特点有一定的了解，然后找到合适的叠词。所以不要小看模仿，它需要学生联系自己的生活感受，用上课文的句式，达到外化表达。

（3）跨单元尝试，巧妙应用。

习作教学给教师提供了很大的创新空间。我们可以根据学情，补充习作内容，教材依然是我们的首选素材。

在每日一句中，笔者发现学生动词使用单一。正好在统编版语文教材一年级下册的《端午粽》《彩虹》《动物儿歌》《操场上》中，学生都学习了动词的运用，而且在"语文园地六"的"字词句运用"中，也学习了怎样把动词写具体。

笔者在阅读教材时发现，"语文园地六"的"日积月累"中有一幅蚂蚁搬家的图。图中正好有"扛""挑""举""背""抬""推"等动作。于是，笔者开发利用了这幅图，培养学生观察画面的能力，并利用动词准确描述画面。

如果说，在这些课文的学习中，用动词进行描写是示证，那么让学生观察画面，运用动词描述"蚂蚁搬家"就是一次应用。当然，这个课例的应用新知还不只这一次，在本章的后面还会具体阐述这个案例的另一次应用。

（4）二、三学段：巧用教材内容应用——灵活练笔。

到了三年级后，仅靠每个单元后面的习作难以满足学生练习表达的需求，而且这些习作往往是一篇完整的作文。而灵活练笔更多的是模仿课文结构的段的练习，只有把段写好了，整篇文章的习作才能水到渠成。课文后习题中的一些和表达相关的小练笔，就是非常好的应用的语文素材。

我们以统编版教材三年级上册第一单元第一课《大青树下的小学》为例，课文示证的是运用新鲜感的词句描写大青树下的小学。第一自然段运用排比、拟人两种表示新鲜感的方式描写同学们上学时的画面。第三自然段运用对比、拟人两种表示新鲜感的方式描写同学们上课、下课的画面。课后习题的第三题让学生选择一个场景说说"你的学校是什么样的？同学们在学校里做些什么？"。

从教材可见，课堂学习是对用新鲜感的词语描写画面的示证。课后习题的第三题则是让学生运用这种方法写一个场景。笔者根据学情，让学生当堂进行小练笔，并重点点评运用排比、拟人、对比等新鲜感的词句描写。然后结合学生的生活，布置了观察上学路上或去少年宫路上的景物并运用此方法描写画面的任务，让学生对此方法有更深的理解。

去少年宫的路上真美啊！当我和小伙伴们走在阴凉的小路上，小鸟"喳喳"地叫着，这是对我们最友好的呼唤；大树"沙沙"地抖动着手臂，这是在给我们行见面礼。我和小伙伴们开心地蹦着跳着，说："秋天来了，秋天来了，又有新衣服穿了！"小草们兴奋地唱着歌："啦啦啦，又能和落叶哥哥一起玩啦！"（祁诺逸）

那段路有花有草，有树有水，让人恋恋不舍。路旁种了许多郁金香，有的热情绽放，有的含苞待放；有淡黄的，有淡红的，还有雪白的。郁金香像一位王子，小野花们都围着他，好像在跳舞。沿路的小草十分茂密，绿油油的，和春天一模一样。一片金色的"巴掌"落了下来。一阵清风将它托起，带着它去旅行。突然几只松鼠引起了我的注意。它们在树枝上蹦蹦跳跳，从这儿跳到

那儿。(秦源)

将写作方法与学生的生活结合,方法就活了。新鲜感的词语,有了这样贴近生活的应用,才能说被学生内化。这样的片段小练笔,高效、聚焦,也为单元作文做好准备。

(二)针对教材外习作的应用新知策略

1.借助学生喜欢的动画等媒介进行应用

习作教学应用新知环节,用教材外习作素材时,绝大部分选择的是学生喜欢的照片、图片、视频等。因为五星教学原理也提到,只有唤起学生学习心向的内容,才能更好地激发学生的学习兴趣。

在应用时,对相关的媒介材料的使用主要分两类,一是同类材料的变化应用;二是将示证时的材料,在应用时进行续编或补充。简单地说,前者是要换材料进行应用,后者则不需要换媒介材料。

(1)借助图片,进行相关内容创编应用。

一年级的学生对于看图写话还是挺陌生的。笔者从教材的"日积月累"中寻找了一幅有关蚂蚁搬家的图片作为示证。然后又找了一些有故事的蚂蚁图片,让学生使用习得的方法,进行单幅图编故事的应用(见表10.4)。

表10.4 《蚂蚁王国》应用新知环节

语音	屏显(板书)
1.布置学习任务及要求。 蚂蚁王国还有很多有趣的事呢?请你选择一幅喜欢的图,编一个故事。 温馨提醒: (1)看清楚画面,给画面加个开头、结尾。 (2)再仔细看图,把蚂蚁的动作看清楚。 (3)可以给小蚂蚁加个合适的名字。 2.独自准备。	课件呈现要求: 1.看清楚画面,给画面加个开头、结尾。 2.再仔细看图,把蚂蚁的动作看清楚。 *3.可以给小蚂蚁加个合适的名字。
3.全班讲述,反馈点评。 "毛毛虫故事吧"开始了!谁来为我们讲故事? 你们都是小小评委。故事有开头、结尾,一个赞;看清画面,特别是蚂蚁的动作,两个赞;故事好听,讲述生动。你就把掌声送给她,好吗?	我会评 故事有开头、结尾。 看清画面,特别是蚂蚁的动作。 故事好听,讲述生动。 毛毛虫故事吧

从案例中,不难看出应用和示证的关系。首先,笔者提供给学生4幅图,和示证时所描述的图有相似点,也有不同点,便于学生的迁移使用。学生可以自由地从4幅图中任选一幅讲述。其次,教师在布置学生编故事前,提出了三条温馨提醒:"看清楚画面,给画面加个开头、结尾。再仔细看图,把蚂蚁的动作看清楚。可以给小蚂蚁加个合适的名字。"这三条提醒,恰恰是示证的重

点。应用新知就是要把习得的新知进行应用。示证和应用需要一脉相承。脱节的应用就是浪费时间，是无效的学习。

学生在应用前回顾了温馨提醒，从学习心理学的角度说，这样的提醒在一定程度上帮助了学生应用新知。同时，在展示学习时，教师又明确了评价的标准：故事有开头、结尾；看清画面，特别是蚂蚁的动作。这两条都是指向新知掌握的。五星教学原理中提到，应用新知时，还需要在交流的过程中反思完善，得到反馈。因此，交流后的评价不仅帮助讲述的同学知道问题在哪里，而且能检查所有同学的掌握情况。因为人人都是使用手势进行评价的，教师对所有学生的参与及掌握情况一目了然。

有了全班性的展示交流，学生在评价别人的同时，也对自己的讲述进行对照反思，能够帮助自己更好地编故事。在融会贯通阶段，运用"讯飞语记"把口语变成文字，在班级公众号展示。

其次，课堂中的两个细节也值得指出。教师在学生进行全班讲述时，背景换成了班级常规活动"毛毛虫讲故事"的幻灯片。别轻视这一小小的变化，瞬间把教室变成了展示的舞台，真正体现了教师从扶到放的过程，以及学生是学习的主人的理念。同时，教师还给上台讲述的学生拍照，课后发给家长。这对于讲述的学生是多么大的鼓励呀！

（2）借助实物，进行相关内容创编应用。

观察是学生写好作文的基础。统编版语文教材三年级下册第一单元的习作主题是"我的植物朋友"，需要学生用看一看、摸一摸、闻一闻等观察方法观察植物。但是习作时的观察，大多是在教师的带领下完成的，教师扶持成分较多，因此，在学生完成了单元作文后,笔者开发了借助西梅应用观察能力的练笔(见表10.5)。

表10.5 "我的植物朋友"观察能力的应用新知环节

语音	屏显(板书)
师:今天,我们来写写西梅。拿到西梅,你准备怎么观察? 生:我要看看它的样子,尝尝它的味道。 生:闻闻它的味道。 师:这些都是观察的方法。观察时是不是得有个顺序?我们可以回忆下我们对植物的观察方法。 生:用眼睛、鼻子、耳朵、嘴巴、脑。 师:(画出相关的观察器官)好,现在请你有顺序地观察话梅,并用关键词记录观察结果。	提醒:观察得有顺序 板书:画眼睛、鼻子、耳朵、嘴巴、脑的图
师:我们请这位同学看着他的观察记录说说。 (生略) 师:你们觉得他观察得怎样? 紧接着,师生、生生进入交流观察阶段,在交流中,不断地补充、修正。	及时反馈、点评: 1.按照一定的顺序。 2.当学生用眼睛观察时少了内容。 眼睛看,除了能看到颜色,还看到了什么? 3.有时五大器官是同时进行观察的。

借助实物——西梅观察,让学生有了自主、独立的观察时间与空间。由于大家都观察同一事物,更有切身感受。"你觉得他观察得怎样?"这一问题,给应用新知提供了更多的反思、反馈、交流、提升的机会。"我觉得他观察得很仔细,他说,西梅的颜色是黑不溜秋的,形状像个黑皮球。只是我觉得皮球好像比西梅大多了吧?这个有点不准确。""我觉得她刚才说,西梅上有一些皱纹,像一颗小黑木耳一样,只有拇指般大小。说得非常清楚,刚才我没有观察到西梅的皱纹。"……在交流中,学生对如何观察有

了更深入的体验。学生也因为处在一个真实的情境中，更能理解要按照顺序观察，并合理地选择观察器官及运用合适的想象，把自己观察到的西梅说清楚。这些对于刚起步的三年级学生来说非常有意义。

统编版语文教材三年级上册第六单元习作主题"这儿真美"，是在学习本组课文围绕一个意思写的示证学习后进行的。但是通过这次作文，笔者发现学生对于围绕一个意思写的方法掌握得不是很好，有一部分学生出现了后面的内容与第一句话关系不大的问题。于是，结合当时的校园生活，笔者让学生观察银杏树，然后使用围绕一个意思写的方法描写银杏树（见表10.6）。

表10.6 "这儿真美"应用新知环节

1.今天我们依然要用总分段落的方式写写校园里的银杏树。 2.请你根据这一单元课文的板书，试着列列提纲。 请几位同学交流构思。	
1.为了帮助大家更好地构思文章的框架，我们带着笔记本，一起到楼下观察银杏树，回来后，请向同学们说说你准备从哪几个方面写银杏树，试着写出各段的总起句。 2.交流。 李××：全文的总起句：秋天的银杏树瑰丽无比。 第二段总起句：银杏树林中的每一棵银杏树颜色各不同。 第三段总起句：银杏树叶的形状非凡。 第四段总起句：银杏树的高矮也不同。 第五段总结句：秋天的银杏树多么美丽。 许××：我爱家乡美丽的"活化石"。 银杏的叶子非常奇特。 银杏叶的颜色也很特别。 银杏果也是值得一提。 全文的总结句：我爱家乡的"活化石"，我爱家乡美丽的"活化石"！ 3.学生评议。	

应用新知是最能看出学生是否掌握新知的环节。这个案例是根据前一次应用新知时所反馈出的问题应运而生的一次新的应用新知。从案例描述可知，教学环节非常简单，首先请学生模仿课文板书（结构）给即将要写的银杏树拟框架。在第一环节的交流中，笔者发现学生面临的问题在于：怎么围绕一个总起句，再写出各段的总起句呢？

于是，笔者布置了任务：我们带着笔记本，一起到楼下去观察银杏树，回来后，请向同学说说你准备从哪几个方面写银杏树，试着写出各段的总起句。这也是学生应用中碰到的问题，因为有了这样的要求，下楼观察成了学生从示证走向应用的充分的学习过程。正因为有了这个观察、思考及交流的过程，我们看到学生的总起句列得还是比较理想的。而且笔者还随机请了几位学生围绕着自己的总起句说一段话。

（3）借助表演，进行相关内容创编应用。

枯燥乏味是学生习作的一大弊病。处于小学阶段的学生总体活泼好动，形象思维大于抽象思维，因此在习作中常出现想法很丰富，但一落笔就干巴巴的情况。而且在教学中，我们也发现学生经历的事，更容易被他们记住，也更容易在习作中冒出具有灵性的句子。因此，让学生在习作前演演，在演的过程中，学生会更关注动作、神态、语言，习作时便会轻而易举突破描写过于呆板的问题。

以学生喜闻乐见的动画片为素材，激发学生表达欲望，是我们比较容易操作的方式之一。

《猫和老鼠》是一部经典动画，学生非常喜欢。动画中的猫和老鼠动作丰富,这为学生用眼观察提供了材料,动画中的背景音乐则为学生用耳朵观察提供了基础。在课堂中,教师让学生通过想象使猫和老鼠开口说话,对材料有了更新的使用,充分发挥了学生的想象能力(见表10.7)。正因为选择了学生喜欢的动画片为载体,学生始终保持积极的兴趣,为快乐地习作提供了心理基础,真正达到率性而作,个性表达。

表10.7 "增声添姿成佳作"应用新知环节

语音	屏显(板书)
1.接下来,猫和老鼠的命运就掌握在你们手中,我们要做一件很有挑战性的事情。根据这段动画情节,通过想象,让猫和老鼠发出声音。先自己思考,等思考得差不多了,然后四人小组讨论一下。时间5分钟,看看哪组最会合作,最会表演。如果有困难,可以看看提示。 温馨提示: (1)可以给这段故事想象一个开头、结尾。 (2)建议你们一人说旁白,一人演猫,一人演老鼠,一人当导演,尽可能把猫、老鼠的动作、语言表演出来。 2.教师巡逻,一关注想象的力度(可以适时打断),二关注说旁白的人,三关注语言。 3.交流。请同学们仔细观察,尤其是他们表演时的动作、语言。如果怕忘记,可以在练习纸上简单记一下。好记性不如烂笔头嘛! 请一组回答: 你捕捉到了哪些动作?(随机板书) 听到了哪些声音?(随机板书) ……	四人小组根据提示想象,并合作表演 剧情创作单 第 小组 旁白(开头) 旁白(结尾) 剧情创作单 第 小组 小老鼠1: 小老鼠2: 小老鼠3: 小老鼠4: 剧情创作单 第 小组 猫1: 猫2: 猫3: 预设学生在这些情境下说话: 猫正在追老鼠,老鼠逃进了保龄球馆,庆幸逃脱魔爪。 猫过生日,请老鼠来聚会,老鼠来得早就自个儿玩,猫想和老鼠开个玩笑。 一年一度的舞林大会开始了,猫和老鼠联袂准备个节目,相约练舞。猫早到了,就在一边等老鼠,不留神睡着了。

续表

语音	屏显（板书）
小结：你们可真是耳聪目明哦！看来课前我的判断一点没错。这么一点时间，一部无声的动画，经过你们的想象和观察，增添了许多声音和动作，变得有滋有味。	猫是个保龄球教练，接了个电话，老鼠就不认真了，猫就用这种方式吓唬老鼠。 …… 钻、探、顺、滑、扒、手叉腰…… 嗖、刺溜、哎呦、呵呵、哈哈…… 喔，这条路真好走！滑来滑去真好玩！ 哇，这保龄球道可真滑，溜冰正合适。 哇塞，没人耶！

梅里尔在五星教学原理中提到，在应用新知原理时，为了促进学习者更好地学习，学习者可以运用刚掌握的知能来解决问题。学生在观察新知的示证后，需要有解决另外的问题的机会。

在这个教学片段中，教师让学生运用示证时学到的"增声添姿"的方式，将学生熟悉的动画作为材料，让学生通过表演来给这段动画视频"增声添姿"。而且在评价表演时，教师提醒学生关注同学表演时的动作、语言。"如果怕忘记，你可以在练习纸上简单记一下。"在交流反馈环节，教师也紧紧地围绕"你捕捉到了哪些动作？听到了哪些声音？"展开，并随机板书。

这个交流反馈的过程也是应用新知环节很重要的一部分，不仅帮助学生梳理表演时的动作、语言，而且也给了学生一个学习小伙伴捕捉到的细节以及与自己捕捉到的细节对比的机会，这是一个共同交流和改进的过程。

2.借助情节图，进行相关内容创编应用

习作最重要的是构思。我们知道，完成一篇习作不像做一道题那么容易。因此,如果示证完了,直接让学生动笔应用,那么反馈时往往学生已经用了大部分时间写,反馈后的修改或重写,不仅浪费时间,更磨灭了学生的学习热情。长此以往,学习兴趣也会受到影响。

因此,在成文前了解学生构思,既能及早反馈调整,同时又能防止学生的习作与例文过于雷同。情节图成了习作应用阶段经常用到的一种方式,它不仅可以相互点燃创作灵感,也可以避免习作教学最忌讳的千篇一律。

【案例】

如何凭借范例,又能高于范例,关键在于处理好"读""写"的关系。下面以"循环结构编童话"一课为例,谈谈情节图的应用(见图 10.6)。

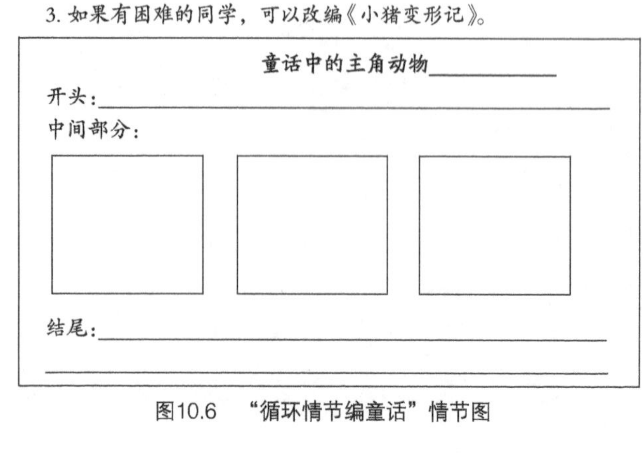

小作家的童话构思

温馨提醒:

1. 展开想象,以动物为主角创编童话,把情节图简单地写下来。<u>不要忘了用上循环的结构。</u>(可以运用小循环,也可以运用大循环。)
2. 填写好后,可以借助情节图,讲述整个故事。
3. 如果有困难的同学,可以改编《小猪变形记》。

童话中的主角动物_____
开头:_____
中间部分:

结尾:_____

图10.6 "循环情节编童话"情节图

在填写情节图前,运用"如果你是一头小猪,你对自己哪方面不满意?""你最喜欢听谁的童话构思?为什么?""你想让小猪通过怎样的尝试,碰到了哪些困难,最后放弃改变?"等问题引导学生,改写童话,打开思路。在交流中,学生明白了故事除了丰富的想象,还需要新奇、合理。于是一个个有意思的想法出现了:胖——学着打扮成其他动物、学着穿紧身衣;吃腻了——尝试吃吃其他动物的饮食;臭——喷香水;鼻子难看——用树叶遮住、做个长鼻子……

然后,教师布置了任务:让学生试着模仿《小猪变形记》的循环结构,可以运用小循环,也可以运用大循环,构思一个想象新奇、合理、有意思的童话。在填写情节图前,利用催眠构思的方法,让学生选择童话主角,思考它的特点,它因为什么事,想要改变自己原有的特点或生活?它又经历了哪些事或困难,最后放弃了改变?

这两个环节设计有梯度,有增量。"改写童话,打开思路"这一环节,在激发想象的同时,通过比较,让学生明白童话想象既要合理,还要有新意。因为有了之前的范例,学生们创编有了参照,但也容易造成模仿痕迹过重。这个环节借助"小猪",让每个学生在改写中,明白创编需要"新"。

"构思童话,填写计划"这一环节,更是迈开步子让学生选择自己感兴趣的动物进行创编,并且运用催眠构思,让学生先思考,再动笔。这个环节的设计,真正从读走向写,为能力强的学生提供更大的创作空间,对于能力相对弱的学生,可以凭借范例,模仿创作,真正实现差异教学,人人提升。

笔者也认为习作的教学应该体现在三个阶段，习作前、习作中、习作后。而个人认为决定一篇文章优劣的往往是习作前的思考。因为习作前的思考不仅包括审题、选材、构思，还包括对中心的把握。情节图作为一种教学载体，不仅帮助学生构思，更重要的是能聚焦循环结构的应用。这次习作为的就是让学生通过示证，习得用循环结构的方法编童话。然后，学生借助情节图，与小伙伴交流，夸夸他新奇、合理、有意思的想象，也可以提提修改意见。再全班交流展示、点评几位同学。

也就是说在学生动笔前，我们就可以通过情节图，反馈、交流故事，使得学习效率大大提升，避免出现等学生完成文章后再来点评返工，课堂时间则无端浪费的情况。

正因为有了情节图为载体的应用新知，课后，学生们的童话呈现出"百花齐放"的局面。

二、融会贯通原理的四大习作教学策略

融会贯通是梅里尔在五星教学原理中提到的最后一个原理，主要指学生单独运用所学的知识完成一个面向现实的问题。这个原理主要有三个特点：实际表现业绩、反思完善提高、灵活创造运用。

因此，笔者主要从这个原理的三个特点出发，在教学中寻找相应的策略，让学习者在习作中达到融会贯通。

（一）拓展创作，呈现习得技能

五星教学原理指出，在学生学习一项技能的过程中，教师教的成分逐渐减少，学生学的成分逐渐增加，直至最后，由学生独

第十章 改进习作教学的基本策略（下）

立运用习得的能力完成任务，这便是学习者灵活创造地运用所学技能主动构思的过程。在习作教学中，这点尤为重要。

【案例】

认知心理学教授梅耶主张，学习最主要的是发现内容背后的密码，也就是要学会融会贯通。因此，在教学统编版教材二年级下册写话"蛋壳的妙用"时，在完成描述一幅图的示证教学后，笔者让学生迁移使用方法描述剩余三幅图。但笔者对这次写话做了更高级的处理，因为这是教材第一次出现多幅图的看图写话，因此，笔者以教材为示证，让学生知道想象可以通过搭桥的方法，并且借助时间词编一个故事。然后教师创设参加"毛毛虫故事会"情境，让学生根据构思单，融会贯通搭桥的方法创编童话。

表10.8 "蛋壳的妙用"融会贯通环节

语音	屏显（板书）
1.情境再现，小结迁移。 （1）创设任务情境。 同学们，想象王国发来了邀请函，让我们来看看。[呈现邀请函：二（1）班小朋友们：我们想象王国正在进行"毛毛虫故事会"。听说你们今天学了新的编童话的方式，诚邀你们参加故事会。你们的参与一定会让我们这次故事会锦上添花！期待你们的故事。毛毛虫] 原来他们要邀请我们参加"毛毛虫故事会"的活动。我们就用今天学习的方法把毫不相干的事物编个童话，怎么样？ （2）你们还记得我们刚才是用什么方法把毫不相干的事物编成一个故事的吗？（搭桥） （3）拓展思路：搭桥的道具可以是……（教师呈现）你还知道哪些可以用来搭桥的道具？追问：想让主人公用它做什么？	

续表

语音	屏显（板书）
2.独立思考，构思童话。 (1)布置任务。 请你根据构思单，先选主人公，然后借助思维导图，把毫不相干的两个事物进行搭桥，把利用道具主要做了什么填在方框里。 (2)学生独立填写，准备故事。 预设：西瓜皮——船、遮阳伞；地毯——毛巾；饼干——床；荷叶——雨伞；薯条——船、滑梯、天平。 3.借助"毛毛虫故事会"，交流分享故事。	《蛋壳的妙用——根据毫不相干的事物编童话》构思单 ①选主人公：从以下动物中圈出两个作为故事的主人公。 山羊 狐狸 小猴 小老鼠 蜗牛 瓢虫 （hóu） （piáo） ②填思维导图：把毫不相干的动物进行搭桥。 题目：_____

笔者不仅源于教材，更是高于教材地引导学生发现教材中的"蛋壳"是三个不相干事物之间连接的桥梁，并且呈现了一份动物王国的邀请函，让学生利用新学的方法参加它们的讲故事比赛。这个年龄段的学生最喜欢讲故事了，但这次的编故事，需要学生自己寻找生活中可以搭桥的道具，活学活用"搭桥"的方式编故事。因此这个任务驱动，让融会贯通有了更为积极的意义。

为了便于二年级的学生创编，教师利用构思单，引导学生构思，于是一个个有趣的故事诞生了：《百变叶子》《雨伞的妙用》《木头的妙用》……

学生能自己选择主人公、选择道具，运用"搭桥"的方式编写故事，远比能完成教材中的看图写话"蛋壳的妙用"难度大，因为这是一次更高层级的学习——融会贯通，这种能力，是直接指向学生未来的能力。

（二）话题表达，体现活学活用

作文能力归根到底体现在学生生活中的灵活运用。简而言之，作文就是作者用文字记录自己的所见所闻，在日常的运用中，并非都是教师教了如何写，规定了写什么，然后布置成作业让学生做的。生活本身就是作文源源不断的素材来源。五星教学的融会贯通原理在习作教学中最容易体现，因为它与写作的初衷不谋而合。教师在课堂中想尽办法地教学生习作，最终想培养的就是具有独立表达、独立创作能力的人。

因此，笔者经常会布置一些"随性"的作文，让学生自由选材。这时的作文看似老师没有教过，其实考验的就是学生灵活运用所学写作技巧的能力，这也是五星教学原理特别强调的学生单独运用所学的知识完成一个面向现实的问题，也就是我们平时所说的学以致用、融会贯通。

每个学生都是一个独特的人。与众不同的生活、学习方式，正是学生们表达的内容。开展线上教学时，笔者利用班级钉钉中的班级圈，展开了晒晒我的作文"我的生活"的活动，让学生用文字记录生活（见图10.7）。

图10.7 话题表达

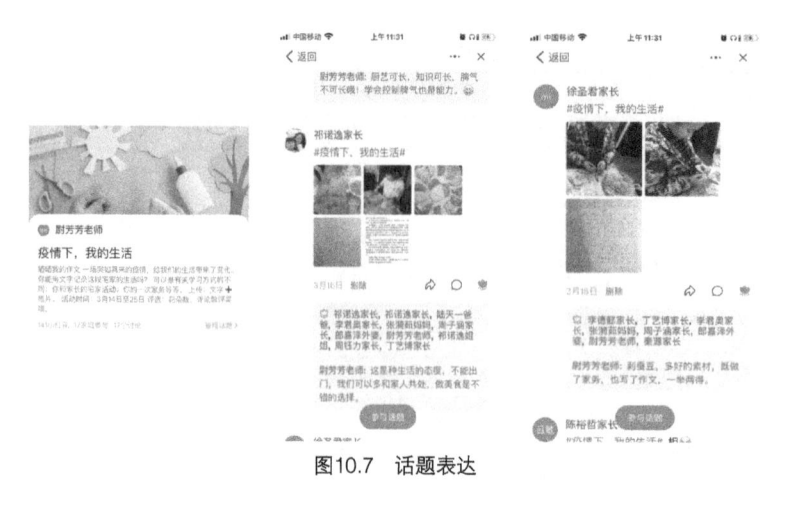

因为没有规定具体的内容，学生的作文内容丰富多彩，有写家务劳动的，如剥蚕豆、包三色水饺、做西葫芦炒蛋；有写自己的兴趣爱好的，如画画、搭积木、刺绣；有写体育运动的，如客厅羽毛球赛、屋顶篮球、家庭飞镖大赛……

虽然这是额外布置的写作，但从学生们上传作文及点赞同学作文的积极性，可以看出学生们的写作热情还是挺高的。

虽然，笔者只发起了一个话题和一个活动要求，并没有告诉学生要抓住一件事写，要把事情写具体，把人物的动作、神态、心理活动写出来，但上交的作文没有一篇是记录流水账的，可见学生在实际运用中，能根据话题的主题，选择一件事写具体。

五星教学原理表示，只有链接现实生活的融会贯通，才是真正的有利于学生终身发展的学习。而习作中的话题表达非常准确地诠释了这点。

(三)注重积累,亮相学习成果

融会贯通原理指出,提高学习效率就是有机会向其他人"亮相"自己所学到的技能。因为这样的"亮相"无疑是最能激发学习者激情的。而作文本身就是因交际需求而产生的,而且作为书面的交际方式,也更便于"亮相"。

1. 多元展示平台

笔者在教学中,总结了这些作文"亮相"的方式:对于低学段的学生而言,可以利用"讯飞语记"将口语转成文字保存下来。对于三年级以上的学生而言,可以形成学生的学习作文集、发表作文,班级还可以通过班报、公众号、钉钉班级圈、教室展示空间"亮相"学生的作文(见图10.8至图10.10)。显而易见,随着信息技术的发展,我们的展示除了白纸黑字的展示,还有网络媒体的展示。学生的作文"亮相"可以是记录自己成长的作文集,也可以通过社会投稿、征文展示。

不同的展示只是方式不同,可以说,每个学生的作文都可以找到合适的、多种多样的展示方式,以此激发学生的写作积极性。

图10.8 学生个人学习作文集　　图10.9 发表作文

图10.10　班级公众号、班报《望帆》、班级圈等展示平台

激发学生习作兴趣的途径很多，发表无疑是一种极好的手段。如果某处可以给自己的"大作"一席容身之地，那种兴奋、满足、成就感以及那股继续写作的动力，是任何力量所无法比拟的。我们尚且如此，更何况学生呢！多元的展示平台，让不同层次的学生都有展示作文成果的途径，都有被认可的机会。

2.移动作文本

长久以来，作文本似乎成了学生作文的唯一"栖息地"，一篇篇作文被一页页作文纸牢牢锁住。同时，传统的学生写、教师批的作文教学方式，使教师成了学生作文的唯一读者。不知不觉中，学生误以为作文只是给老师批阅或应付考试，造成习作兴趣大减，甚至谈"写"色变的局面。

博客因其时效性、开放性、交互性为作文教学注入了生机。

对于第三学段的学生来说，可以注册博客，并建立朋友圈把这些零散的个人博客集中起来,方便交流。每个学生都将自己的博客布置了一番。无论是色彩的选择,头像的发布,还是博客的名字,都透露着每个人的特点。一个个尽显个性的博客天地诞生了。

【案例】

蔡京邑的"绿色船儿的七彩梦——纯洁朴素的绿 朝气蓬勃的心"、郑楠的"粉色雪天使——甜蜜粉公主"、刘煜婷的"秋季之枫小屋——白雪飘飘随风降,红枫飒飒任光照。回首岁月似朦胧,竟却依依孤飞去"、龚诗缘的"天使在歌唱@在陶醉——青涩的云朵飘,美丽的桃花绽放着,谁才适合我的紫藤花,我的梦"、施佳颖的"蓝雨梦情——雪花飘落,泉水叮咚,有绿色的梦就有幸运的光"……让我大吃一惊,一个个名字蕴含着孩子的天真,也拥有着几份成熟的气息,让我不得不佩服他们。

头像的选择就更不用说了,有个人照片,也有以他们喜欢的卡通人物为头像的,活泼俏皮;还有学生索性选择明星头像……

因为博客本身就是一个个性的天地,每个学生对自己的平台拥有所有权利(发表日志、发表评论、删除日志和评论)。当然,学生也可以美化自己的博客。打开一个个博客,里面充满温馨与舒适。在这样的地方写作,难怪学生一个个都争先恐后呢!

由于用了博客,学生们上传作文可以不受时间和空间的限制,再没有作文课一结束就要上交作文或放学前必须上交作文的局限。这样的例子还有很多,五一劳动节许多孩子跟父母去旅游,但他们依然可以发表自己的文章。鲁林希从景宁回来,兴奋地对我说:"《封金山游记》是我在景宁的时候放到博客上的。有了博客,就像有了移动的作文本,方便极了。"

"移动的作文本"这个说法还挺新鲜的。的确,有了博客,作文自由、便捷、灵活多了,似乎给习作插上了翅膀,让学生体会到成功的快乐,激发学生为交流而写作的兴趣,使学生真正成为写作主体。

(四)合作评价,反思学习成效

梅里尔在五星教学原理中提到,为了学习者更好地发展,学习者要反思、讨论和巩固新习得的知能。围绕一系列需要解决的问题,经过深思熟虑并精心策划的同伴互动是最有效的。在评价中,达到反思与提升。

1.利用同伴交流,自主批改

《义务教育语文课程标准(2022年版)》要求第二学段的学生"学习修改习作中有明显错误的词句",第三学段的学生"修改自己的习作,并主动与他人交换修改,做到语句通顺,行款正确,书写规范、整洁"。课程标准还要求教师不仅要注意考查学生修改作文内容的情况,而且要关注学生修改作文的态度、过程、内容和方法,要引导学生自改和互改,取长补短,促进学生相互了解和合作,共同提高写作水平。而且从三年级开始,每次的习作提示中,都有明确的要求"写完后小声读一读""写完后,读给同伴听一听"……由此可见,作文的修改是作文教学的重要组成部分,它是作文指导的继续和深入。

五星教学原理在融会贯通原理中也指出,反馈与交流——表示学生在反思与评价同伴的过程中,将知识融会贯通,从而完善自己的知识。习作的自主修改最能体现这个原理。从写作学的角度来讲，习作的修改是习作教学中不可缺少的重要一环。它不仅可以让学生将示证中的新知活学活用到评价同学的文章中，同时也让学生在这样的相互批改中共同进步。

当然要让学生学会批改，除了传授给学生一些通用的批改规范，还要根据每次习作的不同要求，提出不同的批改重点。同时，对学生批改的要求也因学段而定。

（1）教给学生批改的常规方法。

为了让学生当好自己或他人的老师，笔者对全班学生进行"上岗"培训，首先让学生明确点评他人的文章的宗旨就是帮助他人、学习他人、提高自己。让学生熟识各种修改符号，如好词佳句下画波浪线，漏字漏句用添加符号等；再让学生明确作文中出现得较多的语法错误，如重复啰唆、成分不全等。

待学生掌握这些基本情况后，再进行更高层次的培训，即怎样修改一篇作文。首先让学生明确什么样的文章才是符合写作要求的文章，即不跑题的文章，然后再让学生知道有东西可评可点，点评原则是：第一步，从大处入手，判断文章的立意是否正确；所选的材料是否恰当、有特色；文章的结构安排是否合理，脉络是否清晰。第二步，从小处圈点。其一，圈出作者文中的错别字，并在旁边的空白处写上一个正确的带头字，让作者拿到作文本后照着写三个。其二，圈出文中用得不恰当的词语，能订正的就订正好。其三，找出文中的病句并标明病因，以方便作者修改。其四，在文中画出自己喜欢的好词佳句，并标明好在哪里。其五，根据作者写的情况，如特别精彩的、不够完美的、意思表达不清的等，只要是能让自己有感觉的，可以在相应的语句或语段旁做上旁批。其六,在文章的结束处,对优点与不足进行总的评价。

实施点评的形式主要有小组点评和个人独立点评。

小组点评是由学生自由组成2人或4人的合作小组一起进行点评。可以是大家发言,也可以直接在作文边上写下来。点评结束后再把参与合作点评的小组成员名单记录在评语后。这样的合作点评即使是再不会评的学生通过听别人的发言,也会有很大的收获。这种形式一般是在自主评改作文初期,避免孤军作战、束手无策、不知从何落笔的情况发生,为学生提供一个宽松和谐、优差互补、互助互学的语言学习环境。

个人独立点评则是由学生个人之间自行交换点评或由全班学生随机抽取一本进行全面点评。这样的点评不仅锻炼了学生独立点评的能力,而且更容易让教师对每个学生的字、词、句、段、篇的基础知识以及阅读理解能力、语感有一个更全面的了解。这样做,不但使学生取长补短,共同得到了提高,而且淡化了教师的权威,强化了学生的主体地位,使学生的自信心得到增强。

(2)有重点地自主修改。

修改的常规做法,只是一个基础。如果每次自主修改没有设立特有的标准,时间一长,这样的自主修改就会流于形式。

聚焦完整任务是五星教学原理的核心所在。因此,聚焦完整任务是首中之首,重中之重。其余的四个原理都是围绕这个原理展开的。教师需要时时装着这个任务,也就是说教师上课时心中要装着目标。那为何不让学生心中也装着目标,带着一级一级的目标去学习呢?笔者利用习作评价单,将习作的评价标准告知学生,让学生在自我评价的过程中反思、学习、修改。学生对照目标自我评价的过程也是学生学习的过程,是将知识融会贯通的过程。

以统编版语文教材五年级下册第一单元的习作"那一刻,我长大了"的评价表为例来说说评价标准和分值的设立(见表10.9)。前两项评价标准共占60分,是根据每次习作标准特定的。重点突出、文通字顺、修改主动、书写整洁,每项10分,共40分,这是常规评价,也就是说每次作文都有这四项内容。这份评价标准,让教师、学生在评价、习作中标准一致,更有利于学生习作水平的提升。

表10.9 习作评价表(节选)

评价标准	我是五(1)小作家——习作一:那一刻,我长大了						
	能把事情的经过写清楚(40分)	能把自己受到触动,感到成长的瞬间写具体(20分)	重点突出(10分)	文通字顺(10分)	修改主动(10分)	书写整洁(10分)
评分						
总分						

在统编版语文教材二年级上册"我喜欢的玩具"写话评价单中,教师不仅设计了精准细致的评价指标,说明写话的基本格式和能力要求,还采用了自评和他评相结合的方式,以授予☆和教师书面点评的激励评价手段,呵护学生写话的兴趣,培养学生良好的写话习惯,积极创设自由交流的写话氛围,让学生真正乐于写话,敢于分享。而高学段的评价标准则更聚焦习作内容和习作技巧,也更理性。

表10.10 写话评价单

二年级上册写话"我喜欢的玩具"评价单		
评价内容	我来评	老师的评价
开头空两格，标点占一格	☆☆☆	
写出玩具的样子和好玩的地方	☆☆☆	
写完我能认真读一读，做到语句通顺	☆☆☆	
这次写话我一共获得了（　　）颗☆，真棒！		

从以上一张高学段的习作评价单和一张低学段的写话评价单中，不难看出，评价单不仅在具体内容上会有所不同，还要根据不同学段的特点，各有侧重。这样的评价单就像方向标，为自主修改指明方向。

（3）重视教师的再指导。

在习作教学中，教师可以通过学习活动来达成教学目标，不仅要在写话（习作）评价上下功夫，精心设计评价指标和形式，持续落实写话（习作）规范，还要让学生在评价中学会自我激励和超越。

学习能力、习作能力的培养是螺旋上升的。当然，把习作评改权交给学生，并不意味着就不需要教师了。因为教师必须对学生的自主评改行为进行纠正和强化，帮助学生养成自主评改作文的习惯，同时，教师要教得更巧、更准、更高，不能就文而评文，就文而改文，而应结合习作，站在更高的起点，指导学生修改的方法，增强学生修改的意识。

习作教学是一个悉心滋养的过程，每次习作修改的目标要紧紧围绕中心任务及学生当前的学段特征、学情特点，评价内容一定要清晰、准确、易操作，否则无法实施。习作后的教师指导，从内容的角度主要分为两部分：对学生的互评做指导和根据本次习作标准对学生作文进行指导。

下面以统编版语文教材三年级第一单元的习作"我的植物朋友"为例，来阐述突出教师有重点指导的融会贯通原理。

表10.11　"我的植物朋友"融会贯通环节

语音	屏显（板书）
交流同伴修改情况 1.自主交流。 （1）师：同学们，根据这次习作的评价标准，你们相互间已经进行了评改。谁愿意和大家分享一下小作者写得好的地方。 生：（略）。 （2）师：有没有什么问题是需要提醒全班同学的？ 生：这次习作的题目应该是规定的《我的植物朋友》，我在评改时发现有些同学自己命题了。 生：一定要把自己观察到的植物写具体，不能像百科全书的介绍一样，这样的文章读起来没有味道。我们在写植物备忘录时老师也提醒了。 师小结：是的，要仔细观察植物。观察的时候不要仅仅用眼睛，还需要用手、用鼻子等器官，这样才能把植物观察得更仔细，这个建议真不错。	呈现开头：
2.教师引导。 师：老师看了同学们的评改，我们来看看这两位同学的评改，你们发现了什么？ 生：他们都给同学使用了波浪线，把同学写得好的地方画出来，而且还有点评。 师：那你觉得哪位同学点评更到位一点呢？ 生：我觉得是后一位同学，因为她的点评是和这次习作的评价要求相符的，而前一位同学的评价针对性不是特别强。 师：真厉害，因为每次作文内容不同，要求不同，我们不可能面面俱到地评价，所以要抓住评价标准，这样对同学、对自己的帮助是最大的。	小结：间接或直接地点出"植物朋友"。

续表

语音	屏显（板书）
3.教师点评。 （1）呈现写作内容。 师：这次同学们的选择还是挺丰富的。 （2）首尾如何抓住"植物朋友"。 （3）以同学的文章为例，知道如何把观察到的和自己的想法写出来。	结尾的呈现方式：点题、总结全文。

教师有重点地点评，是融会贯通原理中非常重要的一环。由于学生的认知有限，他们的互评及全班同学的作文反馈，需要教师点评、反馈，以回应学生的互评效果及更有针对性地指导作文。在这个案例中，前面环节笔者选择了几位同学的作文互评进行展示，比较了两位同学的评语，从而让所有学生明白：抓题眼"植物朋友"。

然后，笔者以欣赏、肯定的态度，呈现学生作文中突出"植物朋友"的开头、结尾，进行点评、梳理，同时选择了几篇将观察描写得特别到位的文章进行点评，让学生直观地感知这次习作的任务。有了教师的点评、反馈，之后学生对抓住题眼以及如何把观察到的写下来，会有更形象、到位的认识。同时，有了同伴的评价，有了教师的指导，学生们的评价能力、习作能力一定也在悄悄地提高。

而且,在这样的基于互评的评改交流指导中,不仅点评了学生的习作,更点评了学生的评改能力。然后学生根据同学、教师的评改进一步修改、完善自己的文章,正因为有了这一次次的交流、修正,对新知的把握更到位了。

当然,教材中的最后作文,还需要教师总评、打分,我们对于每篇作文都有相应的评分表(见表10.2),让学生、家长看了此表,对学生当次习作的情况了如指掌。

当然,随着学生年级的变化,常规评价也会做调整,教师在指导评价中也会有意识地逐步放手,减少指导和示范的成分,不断增强学生自主评改作文的能力。教师评改作文的时间应不断地缩短,学生应自主批改作文,通过与他人的交流、反馈,了解自己表达中的优劣之处。让学生在语言实践中真正动起来,肯定学生的主体作用,并把学生放在与教师平等的地位上,从而提高学生的写作兴趣及写作水平,促使学生的精神境界、个性品德、语文水准都得到提升。

2.互相评议,交流广泛

由于网络交互性的特点,学生作文的读者不仅有同学、老师,还有家长。从理论上说,只要能上网的地方,就能看到他们的作文。钉钉班级圈、博客都是运用信息技术,构建全新的习作展示和交流的园地,不受时间、空间限制,打破传统习作教学读者、评者群少的缺陷。学生们可以在网络上自由、便捷地交流,彼此评价。博客每篇发表的文章后都有"发表评论"的对话框,学生可以随时输入对此文章的评价,还可以选择适当的表情符号。钉钉班级圈可以送小花、留评语。这样,就打破了个体性和封闭性的局限,使作者与读者的关系从一对一变成一对多、多对一。

【案例】

对于封懿同学的《电话恶作剧》一文,朱依宁写道:"文章选材不错,内容也很具体,动作描写可以再多一点。不过,你的水准不太高,竟然被识破了,呵呵!"吴哲文说:"蛮搞笑的,动作多点呀!"顾方家说:"题目十分吸引人,开头直接用人物的心理活动,不错,表现了小作者当时的无奈和无聊,好不成功的耍人哦,失败呀!"金天萧说:"写得不错,弟弟的机灵仿佛电影般浮现在眼前,好!不过我早就料到你弟弟的智商比你高!"龚诗缘说:"封懿,你也太整人了吧,算你猛!"

对于同一篇文章,每个同学从各自的角度评论。有的从文章选材、内容来谈;有的则先说了自己的感受,然后委婉地提出改进意见;有的则从题目、心理活动的角度入手;有的直接抒发自己的感受。这是作文本所无法达到的交流效果。小作者看到如此亲切的同伴评价,也拥有了成就感,而且很乐意把文章改得更好。

在如此多读者的关注下,学生的个人创作欲、表现欲、成功欲都得到充分满足,阅读、写作的热情也异常高涨,师生情感也更加亲近、融洽。

学生在博客中这样写道:"以前我一直认为写作文就是交上去给老师看,然后打分。开起博客后,我慢慢发现,写作文也是为了分享生活中的点点滴滴。……由于经常看同学的作文,我不会再为了没有材料写而苦恼。我们还学会了分享,不仅分享自己的作文,更重要的是与别人分享了自己生活中的快乐、烦恼,分享使我们的快乐加倍,烦恼减少。"

不难看出,在这样广泛的交流中,作文从被动、封闭变成主动、积极、开放,真正成了一种交际的工具,学生的主体地位也得到真正实现,习作兴趣更是浓郁。

作文评改是习作教学的一个重要环节,不仅能提高学生的鉴赏能力,而且能在评析中锻炼学生的写作技能。在传统的评改环节中,尽管教师劳神费力,精批细改、圈圈画画、眉批、旁批、评语等一应俱全,搞得学生的习作"满目江山一片红",但是,学生究竟受益多少呢?有些评语学生看不清,还有些学生连看都不看,学生的主动性、积极性根本无法调动。尽管教师费尽心思,尽没有实效。叶圣陶先生曾对这种习作教学弊端进行过反思,痛心地说:"教师改文,业至辛勤,苟学生弗晓其故,即功夫同于虚掷。"

那么,如何通过评价,让学生喜欢写作,提高作文水平呢?网络轻易地突破这一难点,让老师、学生乃至任何上网的人都可以对作文评价一番。学生是作者,也是读者;是学生,也是老师。

如何欣赏一篇文章,更需要学生能融会贯通写作能力。在评价中,教师要一直以一个读者,但同时又以一个指导者的角色默默地关注着学生们的评论,引导他们如何评价同学的文章,如何看待同学们对自己作文的评价等。有必要的时候,还可以在课堂上予以反馈、指导。在日积月累的交流、互助中,学生的鉴赏能力提高了。当然,写作能力也在潜移默化中提高着。

从以上的策略中,不难看出,不论是实际表现业绩、反思完善提高,还是灵活创造运用,都是以学习者为主体的。可见,激发学习者兴趣、展示学习者学习成果、独立运用创作，才是五星教学原理中融会贯通原理的灵魂所在。语文的习作板块是最能体现融会贯通原理的，因为习作本身就是与学习者的现实生活紧密结合的，具有综合性、实践性。

附　录　五星教学模式指导下的习作教学课例

一、蛋壳的妙用——五星教学模式应用于教材内习作教学的课例

蛋壳的妙用——根据毫不相干的事物编童话

【教学思路】

教材写话呈现了四幅图，要求学生看图发挥想象，借助词语按时间顺序写话。教材为写话提供了三方面的内容：第一，思路提示。小虫子、蚂蚁和蝴蝶用鸡蛋壳做了哪些事情？它们有什么有趣的经历？把它们一天的经历写下来。第二，表示时间的词语提示。第三，借助图画内容提示。

本教学设计不仅源于教材，更是高于教材，它需要引导学生知道蛋壳是三个不相干事物的桥梁，因为蛋壳才有了这个故事，才使几个完全不相干的动物发生了故事。

认知心理学家梅耶教授主张，学习最主要的是发现内容背后

的密码,也就是要学会迁移运用。因此,本堂课以教材为示证,让学生知道想象可以通过搭桥的方法,并且借助时间词编一个故事。然后教师创设参加"毛毛虫故事会"情境,学生根据构思单,用迁移搭桥的方法创编童话。

【教学目标】

1.借助蛋壳、时间顺序把三个小动物一天的经历说清楚。

2.能运用化静为动的方法把画面写有趣。

3.能运用搭桥的方法,借助思维导图用毫不相干的事物编成一个童话故事。

【教学设计】

(一)创设情境,聚焦中心任务

1.瞧,今天谁来到了我们的课堂(呈现三个小动物:蚂蚁、小虫子、蝴蝶),他们之间会发生什么故事呢?让我们一起插上想象的翅膀,走进想象王国。

2.创造情境:看,白胡子老爷爷给我们送来一个锦囊。仔细听他送的锦囊是什么?(听录音:亲爱的小朋友们,欢迎你们来到想象王国。听说你们要用毫不相干的动物编个故事。我这里有个锦囊,你们可以运用搭桥的方法。也就是三个动物是主人公,三个动物"用这个道具做了什么事"就是故事的桥梁。呵呵,我就送你们一个蛋壳吧!想想蛋壳有什么妙用吧!)听清楚了吗?白胡子老爷爷送的锦囊是什么?(搭桥)

3.蛋壳有什么妙用呢?(揭示课题:蛋壳的妙用)这个关于动物和蛋壳的趣事开始了……这个有趣的故事还藏在我们的园地里,让我们一起来看看吧!

(二)概览全图,明晰主线

1.明晰教材要求。

(1)请小朋友们把书翻到第54页,读读这段文字,看看提供了几个问题?(2个)

(2)仔细看四幅图,思考三个小动物用蛋壳做了什么?(板书:跷跷板、热气球、房子或雨伞、摇篮或床)

2.学会看小黑点,厘清图片的顺序。

(1)这四幅图应该先看哪一幅,依据是什么?

(2)交流反馈。(预设:图右下方的小黑点;对应课本提供的四个表示时间的词语)

3.借助时间词,串说四幅图。

(1)你们能用这样的句式把四幅图连起来说说吗?(什么时候,谁用蛋壳做什么)

预设:早上,小虫子、蝴蝶和蚂蚁用蛋壳做跷跷板。过了一会儿,他们用蛋壳做热气球。到了下午,小伙伴们用蛋壳做雨伞。天黑了,三个小动物们用蛋壳做摇篮。

(2)你们真厉害,这么短的时间就运用了时间词和一个物体,把三个不相干的动物变成了一个连贯的故事。

(3)引发进一步思考。

你们满意这样的故事吗?为什么?(不够有趣)

(三)运用想象,化静为动

我们再来看看这段文字,你觉得我们抓住哪个词语写可能会让故事更有吸引力。(预设:有趣的经历)是的,这个有趣的经历不仅仅指蛋壳的几次变化,还在于每次蛋壳变化的神奇。

1. 示范第一幅图片，把经历说有趣。

（1）借助动画，引导"想象"的方法。

我们以第一幅图片为例，你觉得还可以说些什么呢？让我们来看看这个动画。

板书：怎么做？（写出动作）

怎么玩？——谁玩过跷跷板，怎么玩的？

（2）我们一起来把这幅静止的图片说清楚。

2. 迁移运用，选择喜欢的一幅图片写一写。

（1）选择你喜欢的一幅图片，展开合适的想象写一写（见图11.1）。

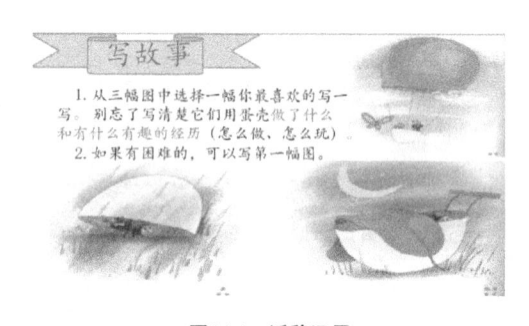

图11.1 迁移运用

（2）点评。

点评重点：你觉得他写清楚把蛋壳变成什么、怎么做、怎么玩了吗？

（四）迁移运用，独立编故事

1. 情境再现，小结迁移。

（1）创设任务情境。

同学们，想象王国发来了邀请函，让我们来看看（呈现邀请函，见图 11.2）。

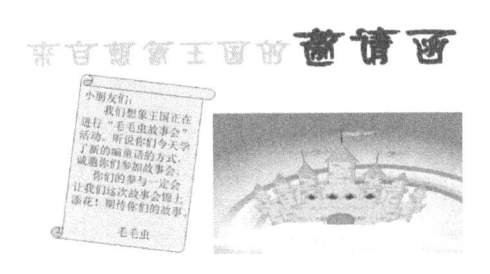

图11.2 邀请函

原来它们要邀请我们参加"毛毛虫故事会"。我们就用今天学习的方法把毫不相干的事物编个童话，怎么样？

（2）你们还记得我们刚才是用什么方法把毫不相干的事物编成一个故事的吗？（搭桥）

（3）拓展思路：搭桥的道具可以是……（教师呈现，见图11.3）

图11.3 搭桥的道具

你还知道哪些可以用来搭桥的道具？追问：想让主人公用它做什么？

2.独立思考,构思童话。

(1)布置任务。

请你根据构思单,先选主人公,然后借助思维导图,把毫不相干的两个事物进行搭桥,把利用道具主要做了什么填在方框里。

(2)学生独立填写,准备故事。

预设:西瓜皮——船、遮阳伞;地毯——毛巾;饼干——床;荷叶——雨伞;薯条——船、滑梯、天平。

3.借助"毛毛虫故事会",交流分享故事。

(1)明确评价标准。

毛毛虫故事会现在开始!哪位故事大王愿意上台分享你的故事?其余同学当评委,等下要进行点评。我们的评价标准有三条,谁来读?(呈现评比要求,见图11.4)

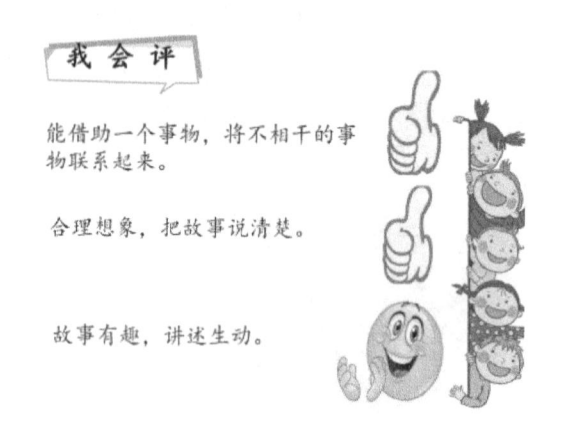

图11.4 评比要求

(2)交流、点评。

4.今天回家你可以把书中的故事编完,也可以把自己创编的故事编好,下周一送给老师,好吗?只要我们充满想象,哪里都是想象王国!

板书见图11.5。

图11.5 "蛋壳的妙用"课堂板书

附:课堂学习单,见图11.6。

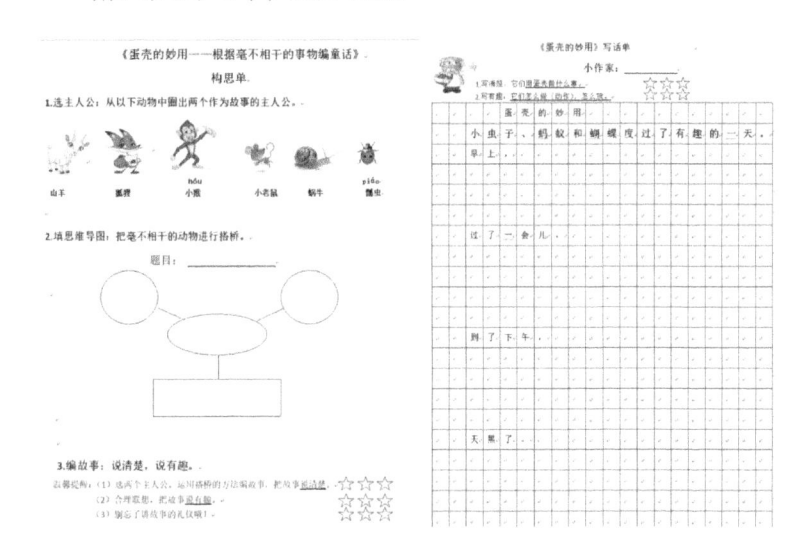

图11.6 "蛋壳的妙用"课堂学习单

二、《蚂蚁王国》——五星教学模式应用于创造性地使用教材的习作课例

蚂蚁王国——学习看单幅图编故事

【教学思路】

一年级的学生喜欢童话,具有一定的想象力,喜欢听故事。班级里也一直在开展讲故事的活动。其次,一年级的学生正处于语言表达学习规范阶段,在观察时,也仅仅是看图片的大意,缺乏细致观察的能力。因此,本次选择统编版教材一年级下册《蚂蚁搬家》一图,让学生学习看单幅图编故事。同时结合学情,在课堂中引导学生从初看到细看,准确描述蚂蚁们的动作,紧接着在对比中,感受把动词说具体,再借助支架,尝试说整幅图,这是符合一年级学生能力的。

梅里尔的五星教学原理是探讨如何更好地促进教学等问题的,即致力于达到学生学习效果好、效率高和主动性强的效果。

本节课就是在五星教学指导下设计的童话创编课。首先将学习单幅图编故事致力于学生学习生活中。整节课围绕着"完整任务——学习看单幅图编故事"展开交流,让学习真正地促进学生发展。课堂一开始,运用谜语的方式通过语言创设情境,让学生带着积极的心态开始学习。然后将《蚂蚁搬家》一幅图作为示证的范例,通过一句话说主要内容;借助动词、句式说清楚画面;根据画面思前想后,利用框架完成整幅图的讲述。可以说"示证新知,学习编单幅图"这一环节,教师带着学生经历了整个学习过程。板块三,则是让学生选择一幅图,自己尝试运用刚习得的方法创

编,通过及时反馈、同伴点评等方式,让学生在尝试练习中真正内化。然后又模拟"毛毛虫故事吧"的情境,请学生讲述。最后,请学生讲述给父母听,或学着用写绘的方式完善故事。

【教学目标】

1.借助图片,说清画面内容,特别是能抓住动词把话说完整。

2.根据画面,思前想后,给图片加上合适的开头结尾,并利用故事支架,完整表述故事。

3.尝试运用看单幅图编故事的方法,选择一幅图,把故事讲清楚。能根据要点评一评同学的故事。

【教学设计】

(一)猜谜语引出主角,激活情感

1.呈现谜语(见图11.7)。

$$
\begin{aligned}
&\text{远 看 芝}\overset{zhī}{\text{ }}\text{麻}\overset{má}{\text{ }}\text{撒}\overset{sǎ}{\text{ }}\text{地,}\\
&\text{近 看 黑 驴}\overset{lú}{\text{ }}\text{运 米,}\\
&\text{不 怕 山 高 路 陡}\overset{dǒu}{\text{ }}\text{,}\\
&\text{只 怕 跌}\overset{diē}{\text{ }}\text{热}\overset{rè}{\text{ }}\text{锅}\overset{guō}{\text{ }}\text{里。(猜一昆虫)}
\end{aligned}
$$

图11.7 谜语

小朋友们,你们喜欢猜谜语吗?(呈现谜语)猜对了,谁来和她打招呼?(板书:蚂蚁)

2.利用图片,创设情境。

今天,我们就要走进蚂蚁王国。(板书:王国)让我们闭上眼睛,把身体变小再变小,绿油油的小草慢慢长高再长高,变成了大树。(播放音频)瞧,热情的蚂蚁红红已经来迎接我们了。跟着红红去看看蚂蚁王国吧!

(二)示证新知,学习编单幅图

1.初看图,了解内容。

(1)(呈现图片,见图11.8)瞧,这些蚂蚁在干什么呀?(一群蚂蚁在搬家)

(2)是的,你们运用一句话"谁干什么"把画面的意思说清楚了。真棒!(板书:画面内容)

2.再看图,说清楚动作。

(1)睁大眼睛仔细看,蚂蚁们怎么搬家的呢?你能找到哪些搬家的动作?(板书:背、扛、推、举……)

(2)蚂蚁们和我们一样也有自己的名字呢?(依次呈现:大美丽、小可爱、黑一一、黑二二、小不点)

(3)借助句式,把句子说完整。

你能借助动词把谁怎么搬说清楚吗?

小蚂蚁们是怎么搬家的?
大美丽( )着行李。
( )( )着行李。

图11.8 蚂蚁搬家

(4)借助学习伙伴,在比较中学习把动词说具体。

有这么三位小朋友,他们看了图片,是这么描写大美丽的(见图11.9),谁愿意来读读?你喜欢谁的?(用手势)为什么?请你仔细观察,选择其中一只蚂蚁把动作说具体。

图11.9 小朋友的句子

3.引导思前想后。

(1)一位小朋友把刚才这幅画面写下来了,我们来听听。(听录音,同时课件呈现文字,见图11.10)

图11.10 课件呈现文字

(2)你觉得这位小朋友说得怎样?(用了动词,有声音)有没有感觉还缺少了点什么?(开头、结尾)(板书:开头、结尾)

267

(3)猜猜首尾。

那我们来猜猜蚂蚁们为什么搬家呢?(下雨、换个有花有草的地方、奶奶不喜欢这个地方、雨季到了……)那结果呢?

4.编个完整故事。

(1)利用框架尝试说整幅图(见图11.11)。

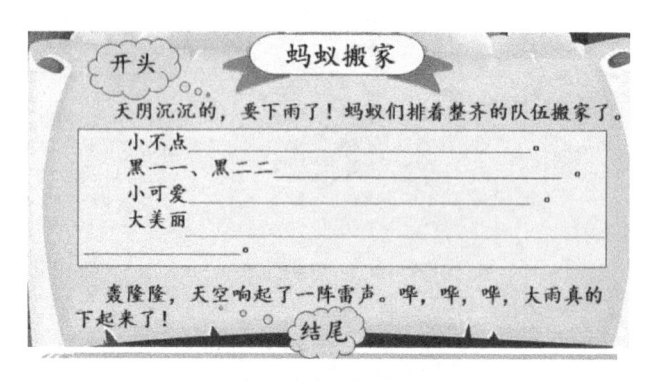

图11.11 "蚂蚁搬家"支架

就选择你们说的下雨了做开头,然后他们怎么搬,最后结果怎样了?你能编个故事吗?

为了帮助大家,老师给大家提供了一张说话卡。绿色的部分就是画面的主要部分,也就是你故事的重点,你一定不要忘了说清楚小蚂蚁们搬家的动作,显红的就是老师加的开头和结尾。当然,能干的同学可以自己编合适的开头、结尾。

(2)全班交流,评一评。

小朋友们把一张图变成了一个有趣的故事,真了不起。小蚂蚁们想送给你们一首儿歌(见图11.12),先跟着老师读一读,好吗?

图11.12 儿歌《小蚂蚁搬家》

(三)尝试应用,自编故事

1.布置学习任务及要求。

(1)蚂蚁王国还有很多有趣的事呢,请你选择一幅喜欢的图,编一个故事(见图11.13)。

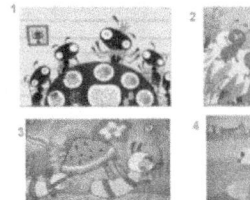

图11.13 自编故事

2.独自准备。

3.全班讲述,反馈点评。

"毛毛虫故事会"开始了!谁来为我们讲故事?

你们都是小小评委。故事有开头、结尾,一个赞;看清画面,特别是蚂蚁的动作,两个赞;故事好听,讲述生动。你就把掌声送给他,好吗?

4.回家把故事讲给爸爸妈妈听听,并请爸爸妈妈评一评。还可以利用"讯飞语记"把故事记录下来(呈现图和文字,见图11.14)。

蚂蚁过河

一天,蚂蚁要去看望生病的奶奶,给奶奶送点好吃的。

蚂蚁走到了森林里的一条小河边,愣住了,因为它不会游泳,就赶紧叫了起来:"谁来帮我过河?谁来帮我过河?"蚂蚁的好朋友小蜻蜓和小鱼听见了,马上赶来。

小鱼说:"要不你坐在我身上我送你到河对岸。"

蚂蚁说:"不,我怕碰到水。"小蜻蜓说:"那我送你吧!"蚂蚁说,"嗯,好吧!"蚂蚁坐在小蜻蜓身上,小蜻蜓展开翅膀真像一架小飞机。"小飞机"起飞了,蚂蚁向小鱼告别了。

小鱼对蚂蚁说:"祝你一路平安。""小飞机"飞呀飞,来到了河对岸。
蚂蚁说:"谢谢你小蜻蜓。"
小蜻蜓说:"不用谢!我们是好朋友嘛。"
蚂蚁来到奶奶家,给奶奶许多好吃的。奶奶说:"我的小蚂蚁长大了。"蚂蚁开心地笑了。

图11.14 《蚂蚁过河》

板书:见图11.15。

蚂蚁王国
开头
动作:背、挑、扛、推、举……
画面内容　语言
结尾

图11.15 "蚂蚁搬家"课堂板书

三、《遨游童话王国》——五星教学模式应用于自创的习作课例

遨游童话王国——循环结构创编童话

【教学思路】

1.抓住学生心理，快乐创编童话。

童话习作紧紧抓住学生的心理特征，以童话为载体，让学生在创编童话的快乐中，丰富想象力，锻炼语言表达，从而轻松习作，可谓"四两拨千金"。

童话习作重在让学生有内容可写。动物无疑是学生感兴趣的。在轻松的氛围中，学生能愉快地读童话、编童话。

2.利用童话范例，轻松创编童话。

读童话，最终是要提升学生的表达，这是童话习作的目标之一。如何架起"读"与"写"之间的桥梁，笔者在这节课做了尝试。

学生在读童话的过程中，不仅能感受到童话的特点，而且能在潜移默化中发现童话创编的密码，并尝试运用情节图创编属于自己的童话。

3.打开想象之门，享受童话生活。

童话之所以为童话，是因为它有一种伟大的单纯。（陈诗哥《童话之书》）快节奏生活中的孩子，更需要我们用童话去呵护他们可贵的纯真，去唤醒他们尘封的想象力。

这节课，笔者希望孩子们不仅仅创编了一个童话，体会到童话的魅力，更希望孩子们带着对童话的憧憬离开课堂，用童话的眼睛去欣赏生活，知道童话就在我们身边。

【教学目标】

1. 能借助童话范文，运用自主、合作的学习方式，再次品味童话想象新奇、合理、有意思的特点；初步了解循环的结构。

2. 利用生活积累，尝试运用循环结构创编童话，填写情节图。

3. 延续童话学习激情，享受童话生活。

【教学设计】

（一）说一说：链接起点，激活思维

哪些孩子以动物为主人公创编过童话？谁愿意简单说说你编的童话？（两三位即可）

（二）赏一赏：欣赏例文，解读密码

1. 呈现例文。

先请你自己读童话，画出你认为写得奇妙的地方，再在合作小组内交流阅读这篇童话后的感受。

2. 分享感受。

A. 欣赏想象，感受童话的魅力。

你们觉得哪里写得很奇妙？

根据学生的发言板书：童话想象新奇、合理、有意思。

B. 欣赏结构，感受童话的特色。

整个童话连起来，你们有没有发现什么特点？还原（圆圈、循环）

3. 呈现情节图，发现创作结构。

（三）编一编：合理想象，创编童话

1. 改写童话，打开思路。

（1）在生活中你见过猪变形吗？这个有意思的童话是想象带

来的。其实，不同人对于同一个事物的想象是不一样的。如果你是一头小猪，你会对自己哪方面不满意？

预设：吃腻了，想尝尝其他的食物；臭；胖；鼻子难看，不漂亮。

（2）你想通过怎样的尝试，碰到了哪些困难，最后放弃了改变？看看谁的想象最奇妙？（交流的重点是新奇、合理）

预设：吃腻了——尝试吃吃其他动物的食物。

胖——学着打扮成其他动物、学着穿紧身衣。

臭——喷香水。

鼻子难看——用树叶遮、做个长鼻子。

2.构思童话，填写计划。

（1）布置任务。

轻轻地拿出情节图，等下请你简单地把自己的构思写下来，可以运用小循环，也可以运用大循环。比比谁的童话想象新奇、合理、有意思？

（2）催眠构思。

（配乐）在动笔前，请你慢慢地闭上眼睛，静静地想一想，让我们的想象飞翔！你选择哪个动物朋友为童话主角呢？是我们熟悉的狗、猫、鸡、乌龟，还是熊猫、毛毛虫；是水中的鸭、鲤鱼，还是陆地上的羊、马？它有什么特点呢？是外形上的特点，还是生活习性上的特点，或是饮食的不一般，或是……它因为什么事，想要改变自己原有的特点或生活？它又经历了哪些事或困难，最后放弃了改变？

（3）填写情节图。

如果脑海中已经有故事了，请把它简单地记录下来。

3.交流童话梗概。

完成的同学可以借助情节图说说你编写的童话。谁愿意和大家分享下？

（1）请同学们仔细听，等下请你说说这篇童话中你最欣赏的地方或者说说你对这篇童话的修改建议。

（2）你觉得自己这篇童话特别奇妙的地方在哪里？（重点：想象合理、新奇、有意思）

预设：

（1）小猪老嫌自己不够时尚。一天，小兔子买了一条新裙子，特别漂亮，设计公司请她当模特，小猪很羡慕，也想买来穿穿。

路上，小猪碰到了小猴，小猴一听他的想法觉得很可笑，告诉他，他的身材不适合穿裙子。可是小猪不听。小猪终于买到了和小兔子一模一样的裙子，尽管选择了最大的尺码，可是，镜子里的他活像个粽子。而且，裙子勒得他身上一条条的，突然，"嘶"一声，裙子破了。他很尴尬，换回了自己的衣服，看着镜子里的他，他突然觉得比刚才的粽子好看多了，而且行动自如。他明白了：适合的才是最好的。

（2）小狗嫌自己弱小，想变成狼。于是，就装成狼。结果依然被欺负。狗妈妈告诉他，要让自己变强大，不是靠外在的掩饰，而需要了解自己，展示自己的特点，每个人都可以做最好的自己。

（3）小兔子的耳朵老是往下垂，她觉得很难看。于是她找了树枝，撑在耳朵上，结果树枝断了。兔子又把自己的耳朵夹在晾衣夹下,结果让她觉得很痛,而且耳朵并没有改变。乌龟告诉她,他的壳也很难看,可他从不抱怨。小猪告诉她,自己的鼻子也很难看,可他也不抱怨。因为这都是他们与众不同的地方。突然,小兔子觉得自己的耳朵也没那么难看了,甚至觉得很有特色。瞧,跳起来一动一动的,多可爱呀!

(4)小猪觉得自己的鼻子很难看。他便用树叶盖住,结果树叶被风吹走了。他又用泥土做了一个长长的鼻子,可是不能呼吸了,于是他在泥鼻子上弄了个洞,却又散架了,小猪非常伤心。小乌龟安慰他:"每个动物都有自己的特点,做自己最好。比如我有个重重的壳,走得很慢,可是当危险来临时却能保护自己。"小猪恍然大悟,从此不为难看的鼻子而苦恼了。

(5)狗大千是个渴望安全感的流浪狗。他看见乌龟在危险的时候,把全身缩到壳里,于是他找了口锅背在背上,可是这样他又觉得太重。他发现猫走路没有声音,就在自己的脚下装了个气垫,却连走路也走不稳了。这一幕被小鸡看到,小鸡告诉他奔跑能力是狗面临危险最好的方法呀!原来大家都有自己生存的本领,一味地模仿是很可笑的。

(6)一天,小猪在书上看到毛毛虫是一伸一缩走路的,觉得很有意思,也想学学。于是,他把自己涂成绿色,趴在地上一伸一缩,结果碰了一个大包。原来一味地模仿是要付出代价的。

(7)乌龟不喜欢现有的绿壳,决定使用花纹和颜色改变一下。于是乌龟变成了斑马条纹的黑白乌龟,朋友们都笑它是"最慢的斑马",乌龟很生气。他看见大树,就又把自己的壳变成拥有树皮般的线条的颜色,结果虫子们都爬上来了。乌龟开始后悔,找到神医中华鲟医治，中华鲟把它变回了原来的样子，他觉得自己绿色的壳原来是那么美。

（8）毛毛虫觉得自己长得太难看了，决定要变漂亮。他想变成鸟儿，就用颜料涂在自己身上，但是颜料堵住了气孔。他又看到花儿，摘花瓣盖在身上，可是对花粉过敏，不停打喷嚏，连花瓣也掉了。他很伤心，不停地哭，哭着哭着他发现自己开始结茧，最后变成了一只美丽的蝴蝶。

4.同伴讲述童话。

（1）由于时间原因，我们不能在课堂上一一交流每个同学的童话。请你和同桌小伙伴交流，可以夸夸他新奇、合理、有意思的想象，也可以提提修改意见，不要忘了给他打星。

（2）反馈星数。

(四)总结收获，延续热情

1.在即将离开童话王国的时候，谁愿意来和大家分享你今天的收获？

想象合理（抓住动物的特点）、身边熟悉的动物也是我们童话的题材、循环的结构。

2.只要有一双童话的眼睛，我们会发现生活处处有童话。动物、植物、日月星辰、花草木石、风霜雨雪里都有童话。童话世界里的万事万物，都是有生命、有情感、有思想的。我相信，在读童话、写童话的过程中，也许你会真的发现梅子涵爷爷说的——（屏幕打出梅子涵老师说的话，孩子们齐读）

附：课堂学习单，见图11.16。

遨游童话王国（一）
大作家笔下的童话：小猪变形记

阅读童话：画画让你觉得奇特的地方。

有一天，小猪靠在树边，觉得很无聊。"真烦！"他嘟囔着，"烦烦烦！"他想：做小猪真没意思，要是自己能变，那该多好呀！于是他小跑着出去了。

小猪跑到路边，看见了长颈鹿在津津有味地吃着树上又嫩又绿的叶子。他瞪大了眼睛，使劲盯着他，心想：如果能变成像长颈鹿那么高，我吃到树上香甜的果子，那该多好啊！于是，他脑子里出现了一个绝妙的主意。

小猪咚咚咚地跑回家，找来两根长木棍，在两根木棍的中间钉上两块木板，绑成一对高跷，小猪踩着长高跷，得意地散步去了。他遇见了斑马，小猪说："嗨！下面哪一位，我是一只了不起的长颈鹿，我能看到好几里远的地方。"斑马说："你不是长颈鹿，你是一只踩着高跷的小猪，最好你还是小心点吧。"小猪听了这话很生气，他就什么也没说的走了。

他走呀走呀，走了还没几步，就摔倒了。他就一边弹着灰一边说："看来长颈鹿的生活不适合我。我要去寻找更刺激的探险！"还没走出两步，小猪又想到了一个好主意！

于是他找来颜料，给自己画了一件奇妙的新外套，然后他一路小跑着炫耀去了。

他遇见了大象，他说："嗨！大象，我是一只了不起的斑马，你看我身上画着斑马纹呢。"大象说："你不是斑马，你是一只身上画着斑马纹的小猪,你马上就要……"话还没有说完,他就吸了一管水对着小猪喷水了。哗啦!小猪漂亮的外套被冲了个一干二净,吓得他惊慌地乱叫起来。"讨厌!"小猪叹了口气,"当斑马还不如当小猪呢!我敢说,做大象一定更有趣……"

还没等身上的水全干,小猪又想到了一个好主意!于是小猪他就找了一个长长的塑料管绑在鼻子上,还在耳朵上绑了两片大树叶,然后踩着脚又出门去了。

他走呀走,遇见了袋鼠。他向袋鼠打招呼:"嗨,袋鼠!我是一只了不起的大象,我能用鼻子喷水。""你不是大象!"袋鼠笑着说,"你是一只鼻子上绑了塑料管的小猪。"小猪正想争辩,突然……阿——嚏,他打了个大大的喷嚏,把塑料管喷飞了!"嗯……"小猪哼哼着,"当大象一点儿都不好玩儿!我还是想想其他的。"他马上又想到了一个好主意。

小猪在自己的脚上绑了两个大弹簧,然后他踩着弹簧,一蹦一跳地出门去了。他走呀走呀遇见了鹦鹉。小猪说:"嗨,鹦鹉,我是一只了不起的袋鼠,我能跳得和房子一样高。"鹦鹉说:"你不是袋鼠,你是一只脚上绑着弹簧的小猪,再说你也蹦的不高呀。"小猪就一直蹦一直蹦,结果呀,他蹦到了一棵树上,被倒挂起来了!

小猪挂在树上晃啊晃啊,"唉,要是我会飞该多好啊。"他从树上爬下来。不过,这样一来,小猪又想到一个绝妙的好主意!

于是,他找来羽毛和贝壳,给自己做了一对翅膀和一个大鸟嘴。然后,他拍着翅膀出门去了。

他遇见了小猴。他说:"嗨!我是一只了不起的鹦鹉!你的眼睛能看多远,我就能飞多远。"小猴说:"你不是鹦鹉,你是一只手上绑着羽毛的小猪,再说你也飞不起来呀。"小猪就想飞起来给小猴看看,于是,他张开翅膀……猴子说对了。小猪根本没飞起来,他就像一块大石头,一头栽进了树下的泥潭里!

"真倒霉!"他躺在泥潭中央,吧唧吧唧地拍打着泥巴,"事情都搞砸了,当小猪一点儿乐趣都没有!"突然,他听见旁边传来一个声音:"你说什么,当猪怎么没有乐趣了?我就是猪,我在泥潭里面打滚,觉得很好玩儿啊。你快试试吧!"

于是,小猪也跟着滚来滚去……他滚得越多,身上就越脏,身上越脏,他心里就越快乐。

"太棒啦!"小猪高兴地大叫,"原来做自己是最开心的事情呀!"

新阅读与习作：五星教学模式下的新体验

小作家的童话构思

温馨提醒：

1. 展开想象，以动物为主角创编童话，把情节图简单地写下来。不要忘了用上循环的结构。（可以运用小循环，也可以运用大循环。）

2. 填写好后，可以借助情节图，讲述整个故事。

3. 如果有困难的同学，可以改编《小猪变形记》。

童话中的主角动物_____

开头：_____

中间部分：

结尾：_____

_____

读者评一评

评价标准：想象合理、新奇　　……☆

童话有意思　　　　　　　　……☆

运用循环结构　　　　　　　……☆

图11.16　"遨游童话王国"课堂学习单

参考文献

[1] 盛群力. 五星教学模式对课程教学改革的启示[J]. 教育发展研究，2007（24）：33-35.

[2] 盛群力，魏戈. 聚焦五星教学[M]. 福州：福建教育出版社，2015.

[3] M.戴维·梅里尔. 首要教学原理[M]. 盛群力，译. 福州：福建教育出版社，2016.

[4] 盛群力，宋洵. 走近五星教学[M]. 济南：山东教育出版社，2010.

[5] 孙文波. 新课程课堂教学设计研究："五星"教学设计的探索[M]. 杭州：浙江大学出版社，2006.

[6] 戴维·梅里尔. 教学策略效能的不同水平[J]. 盛群力，华煜雯，译. 远程教育杂志，2007（4）：18-22.

[7] 马兰，张文杰. 教学设计[M]. 北京：高等教育出版社，2012.

[8] 盛群力，华煜雯. 面向完整任务的教学排序与评估——四述梅里尔首要教学原理[J]. 远程教育杂志，2008（4）：16-24.

[9] 盛群力，马兰. "首要教学原理"新认识[J]. 远程教育杂志，

2005（4）：16-20.

[10] 盛群力，马兰. 走向 3E 教学——三述首要教学原理[J]. 远程教育杂志，2006（4）：17-24.

[11] 盛群力. 五星教学过程初探[J]. 课程·教材·教法，2009，29（1）：35-40，55.

[12] 盛群力，宋润. 五星教学模式的应用探讨——兼及一堂课的分析[J]. 湖南师范大学教育科学学报，2008，（1）：69-72.

[13] 刘晓勋. "先进""适用"并重的新框架构念——谈"首要教学原理"与语文教学模式优化[J]. 理论界，2007，（10）：156-157.

[14] 祝浩军. 从数学经验到数学模型——例谈"五星教学模式"在小学数学教学中的应用[J]. 科技信息，2009，（25）：639，646.

[15] 刘小晶，张剑平，杜卫锋. 基于五星教学原理的微课教学设计研究[J]. 现代远程教育研究，2015（1）：82-89，97.

[16] 区培民. 语文教师课堂行为系统论析：课程教学一体化的视点[M]. 上海：华东师范大学出版社，2001.

[17] 邵巧治. 转变阅读教学取向，培养学生学会阅读[J]. 内蒙古师范大学学报（教育科学版），2011，24（8）：108-112.

[18] 王瑞. 基于五星教学原理的自主学堂教学设计研究[J]. 数字教育，2015，1（2）：50-53.

[19] 李玉仙. 五星教学模式对大学英语阅读教学策略的启示[J]. 沈阳教育学院学报，2009，11（6）：44-47.

[20] 李家栋. 阅读课型研究[M]. 济南：山东教育出版社，2013.

[21] 李海龙. 阅读教学论[M]. 成都：西南交通大学出版社，2011.

[22] 周小蓬. 中外母语教学策略[M]. 北京：北京大学出版社，2011.

[23] 卡伦·坦珂斯莉. 教会学生阅读：策略篇[M]. 王琼常，古永辉，译. 北京：教育科学出版社，2008.

[24] 陆恕. 主题阅读教学策略[M]. 北京：开明出版社，2014.

[25] 陈铮，田良臣. 阅读教学改革新途径——阅读策略教学[J]. 贵州师范大学学报（社会科学版），2004（2）：81-85.

[26] 李小军，邹红梅. 浅析小学语文高段阅读教学策略[J]. 中国校外教育，2016（1）：104.

[27] 朱伟，于凤娇. 国际阅读评价研究对我国阅读教学的启示——以PIRLS2011和PISA2009为例[J]. 上海教育科研，2012（4）：52-55.

[28] 何山. 国际阅读素养进展研究对我国阅读教学的启示——以PIRLS 2011为例[J]. 徐州师范大学学报（教育科学版），2012，3（4）：56-59.

[29] 阳芳. 旨在培养学生表达力的语文阅读教学策略[J]. 科教文汇，2014（9）：140-141.

[30] 王雁玲，尹浪. 语文课程观视域下的群文阅读教学[J]. 教育导刊，2016（2）：46-51.

[31] 潘家明. 认知风格的差异性与阅读教学策略的多样性[J]. 天津师范大学学报（基础教育版），2012，13（2）：55-59.

[32] 简小芳. 浅谈小学语文阅读教学策略[J]. 学周刊，2011，（27）：116.

[33] 钟启泉. 核心素养的"核心"在哪里——核心素养研究的构图[N]. 中国教育报, 2015-04-01.

[34] 季建萍. 语文阅读的策略构建与实践[J]. 四川教育学院学报, 2006, (2): 51-52.

[35] 梁建华. 运用图像辅助语文阅读教学的策略[J]. 教学与管理, 2011(1): 62-64.

[36] 祝新华. 六层次阅读能力系统及其在评估与教学领域中的运用[J]. 小学语文, 2008(4): 4-7.

[37] 夏正江. 试论中小学生语文阅读能力的层级结构及其培养[J]. 课程·教材·教法, 2001, (2): 8-13.

[38] 余琴. 小学生语文阅读能力的要素与结构[J]. 教学月刊(小学版), 2011(4): 7-10.

[39] 朱洁如. 小学语文阅读理解能力的层级特点与结构优化[J]. 上海教育科研, 2015(7): 75-77+82.

[40] M. 戴维·梅里尔. 教学内容尊为王,教学设计贵为后[J]. 盛群力,陈伦菊,译. 电化教育研究, 2017, 38(3): 5-11.

[41] 马兰. 基于综合学习模式的教师教学设计能力培养[J]. 课程·教材·教法, 2015, 35(8): 112-119+85.

[42] 余胜泉,马宁. 论教学结构——答邱崇光先生[J]. 电化教育研究, 2003(6): 3-8.

[43] 阮程. 小学语文阅读策略教学研究[D]. 长春:东北师范大学, 2015.

[44] 张学林. 初中语文单元阅读教学中应用五星教学原理的探索[D]. 杭州:浙江大学, 2011.

[45] 陆伟伟. 五星教学法在高中古典诗词教学中的应用研究——以选修课程《唐诗宋词选读》为例[D]. 杭州：浙江大学，2014.

[46] 周杰. 面向完整任务的中职应用文写作教学研究[D]. 杭州：浙江大学，2014.

[47] 刘润英. 首要教学原理在课堂教学中的应用研究[D]. 上海：华东师范大学，2010.

[48] 蒋惠敏. 基于学习风格的小学语文阅读策略教学研究[D]. 上海：华东师范大学，2010.

[49] 吴双. 语文群文阅读课堂教学模式建设[D]. 桂林：广西师范大学，2015.

[50] 付霞. 论工具性与人文性统一的语文阅读教学策略[D]. 大连：辽宁师范大学，2006.

[51] 彭湖. 论多元媒体引领下的阅读教学策略[D]. 长沙：湖南师范大学，2009.

[52] 吴萍. 图式理论指导下小学语文阅读教学的实效性研究[D]. 南京：南京师范大学，2008.

[53] 谢佳妮. 多元解读视野下的阅读教学策略研究[D]. 上海：华东师范大学，2010.

[54] 张秀玲. 语文阅读教学整体性策略研究[D]. 长春：东北师范大学，2006.

[55] 李端节. 小学高段语文阅读习惯调查及培养策略研究[D]. 重庆：重庆师范大学，2013.

[56] 郭华. 小学中高年级语文阅读策略教学研究[D]. 天津：天津师范大学，2014.

[57] 马英英. 小学语文阅读教学策略研究[D]. 延安：延安大学，2014.

[58] 邹佳华. 小学语文阅读教学的现状与改进策略[D]. 长春：东北师范大学，2011.

[59] 高馨培. PIRLS 2016 阅读评价框架下的教科书练习设计研究[D]. 上海：上海师范大学，2015.

[60] 刘唐军. 语文新课程课堂教学结构研究[D]. 成都：四川师范大学，2011.

致　谢

作为一名耕耘在一线的小学语文教师，从没想过会有一本属于自己的书，记录自己语文教学中的思考。这些将成为本人的一笔财富。

2014年，我进入了历史悠久、底蕴丰厚、人才辈出的天长小学。天长小学浓厚的学术氛围，彰显个性的校园文化，让我第一次惊叹身边的同事竟然能出书。而且，楼朝辉校长还经常鼓励教师们把自己的想法、做法用文字记录一下，为教师们出了差异教育系列书，每每看到同事出书，我是多么羡慕呀！当时一个小小的念头划过脑海：我也可以出书吗？

还是2014年，初入天长，我在学校鼓励考研的机制下，顺利地考上了心仪的大学——浙江大学，并师从我的偶像盛群力教授。于是，四年的在职研究生生涯成了一段苦并丰盈的日子。在教室里聆听着各位教授侃侃而谈，在食堂和伙伴交流课堂所得，在浙大的林荫道慢慢行走……留恋在浙大的每一刻，尤其是从繁忙的工作中抽离并以学生的身份再回校园学习，这种感觉特别奇妙。

在这段日子中，我的导师盛群力教授无疑对我的帮助最大。盛教授是全国教学理论界的领军人物，特别是将五星教学原理引入中国，给我国的教学注入了生机。我做梦都没想过能师从盛教授，近距离地感受教授的学识学风。盛老师看起来严肃，其实是个特别和善的人，他会将自己的所有研究成果毫无保留地与我们共享；他会第一时间将自己的著作认真签好名送给我；他会耐心地回复我微信、邮件（特别是在撰写论文期间，尽管我的思考欠妥，但他都是给予鼓励多于批评）；每次与他见面，他总会问我，某篇文章（某本书）看了吗？如果没有，他会慷慨地将书送给我，将文章发给我。这样的事情还有很多，虽然事小，但是关怀之情溢于言表。有这样的导师，我还能不努力吗？同时，盛老师对专业的热衷、勤奋，让我印象深刻。虽说到了退休的年龄，他还是不放弃研究，发表的文章更是没有间断过。

在盛老师的指导下，我的研究生论文《基于五星教学模式的阅读教学策略构建的应用研究——以小学语文第三学段为例》，在答辩时获得教授们的好评。盛教授的一句："争取出书！"让我至今难忘，这是多么高的评价啊！

一线的工作忙碌、琐碎，也怪自己的慵懒，因要补充内容，书稿一直"难产"，但每每累了想放弃时，又总会想起盛教授的话，想起楼校长的鼓励，想起施民贵老师的鞭策、指点。就这样，每晚写一点写一点。

当今天看到自己尚显幼稚的书稿时，有些激动，有些忐忑，第一步总是那么难走，又那么难忘。

致　谢

　　感谢天长小学，感谢浙江大学，感谢浙江天长差异教育研究院，感谢所有默默支持我的人，特别是我的家人，在写作的过程中，默默分担着家务。

　　衷心欢迎并感谢读者对本书中存在的差错与不足予以指正。

2020 年 8 月 12 日